「改訂版 障害のある子どものための」シリーズ 6

改訂版
障害のある子どものための
体育・保健体育

大南 英明，吉田 昌義，石塚 謙二 監修
全国特別支援学級設置学校長協会，
全国特別支援学校知的障害教育校長会 編

東洋館出版社

シリーズ刊行に当たって

　特別支援学校，特別支援学級における教科の指導，とりわけ，知的障害のある児童生徒に対する教科の指導は，これまでに，全国各地において様々な実践報告，実践研究がなされ，多くの成果を上げてきている。

　このたび，学習指導要領の改訂を踏まえ，国語，算数・数学，図画工作・美術，体育・保健体育の各教科について，各学校におけるこれまでの実践の成果などをもとに，『改訂版　障害のある子どものための』シリーズを6冊で刊行することになった。

　特別支援学校，特別支援学級においては，個別の指導計画を作成し，それに基づいた授業を展開することが基本となっている。

　本シリーズでは，上記の各教科について，それぞれの教科について学習指導要領に示されている，目標，内容等について解説し，個別の指導計画に基づいた指導の具体例を紹介している。

　知的障害教育においては，各教科は，教育課程の編成上，教科別の指導，教科を合わせた指導，教科等を合わせた指導として位置付けられている。

　教科別の指導は，教科の内容を教科の時間を設け，児童生徒の生活に基づいた題材・単元を設定し，具体的に指導していく。

　教科を合わせた指導は，合科ともいわれ，複数の教科の内容を合わせて授業を展開するものである。例えば，生活，音楽，体育を合わせたり，生活，国語，音楽を合わせたりして授業を行う。

　教科等を合わせた指導は，これまで，領域・教科を合わせた指導と呼ばれていたもので，日常生活の指導，遊びの指導，生活単元学習，作業学習などがある。

　知的障害の特別支援学校，特別支援学級において教育課程を編成

する際には、児童生徒の学習の状態を的確に把握して、教科別の指導と教科等を合わせた指導とを適切に組み合わせることが望ましいとされている。

本シリーズの実践事例では、上記のことを踏まえ、教科別の指導の実践事例と教科等を合わせた指導の実践事例を紹介している。

本シリーズは、現在、特別支援学校、特別支援学級で直接児童生徒の指導に当たっておられる先生方だけでなく、これから教員になろうとしている方々、また、知的障害教育、特別支援学校、特別支援学級の教育に関心をおもちの方々にもぜひ読んでいただきたい内容である。

ご多用のなか、本シリーズの企画、編集、執筆に当たられた関係者の皆様に心からお礼申し上げます。そして、企画、編集等、本シリーズの刊行にご尽力くださった東洋館出版社編集部の大場亨様にお礼を申し上げます。

平成25年7月

監修者を代表して　大南　英明

目次

シリーズ刊行に当たって……1

体育・保健体育の指導について……7

基本の運動，体つくり運動，表現運動

［特別支援学校・小学部］　朝の運動……18

［特別支援学校・中学部］　サーキット運動でいろいろな動きをしよう……24

［特別支援学校・高等部］　サーキットトレーニング……30

［特別支援学級・小学校］　体つくり運動をしよう……36

［特別支援学級・小学校］　体力つくりをしよう……42

［特別支援学級・中学校］　バランスボールを活用した体つくり……48

［特別支援学級・中学校］　現代的なリズムのダンスをしよう……54

器械運動

［特別支援学校・中学部］　サーキット運動……62

［特別支援学校・高等部］　平均台の達人になろう……68

［特別支援学級・小学校］　ザ・運動あそび名人……74

［特別支援学級・中学校］　様々な動きを組み合わせて一連の動きに……80

ゲーム，球技

［特別支援学校・中学部］ サッカーゲーム……88
［特別支援学校・高等部］ バスケットボールをしよう……94
［特別支援学級・小学校］ キックベースボールをしよう……100
［特別支援学級・中学校］ ルールや勝敗を意識してボールゲームに参加してみよう……106

陸上競技

［特別支援学校・中学部］ 障害物走……114
［高等特別支援学校］ 持久走……120
［特別支援学級・中学校］ 心と体を鍛える持久走……126

水泳

［特別支援学校・小学部］ プールで遊ぼう……134
［特別支援学級・小学校］ プールを楽しもう……140
［特別支援学級・中学校］ 誰もが25mを泳げるようにしよう……146

その他の運動

[特別支援学校・中学部] わくわくボール広場……154
[特別支援学校・高等部] 柔道：受け身を身に付け安全に試合をしよう……160
[特別支援学級・小学校] ゴール目指してシュートしよう……166

健康・安全指導，性の指導

[特別支援学校・高等部] 身に付けよう「あたりまえ防災」……174
[特別支援学校・小学部] 自分の体を知ろう……180

体育・保健体育の指導に配慮と工夫を……187
競技スポーツースポーツ大会（国際大会）について—……193

資料

体育・保健体育の具体的内容……198

◆執筆者一覧

体育・保健体育の指導について

1 体育・保健体育の目標と内容

(1) 教育課程改善の基本方針

　学習指導要領の改善について，中央教育審議会答申では，体育・保健体育の学習内容の改善においては，「生涯にわたって健康を保持増進し，豊かなスポーツライフを実現する」。「その際，心と体をより一体としてとらえ，健全な成長を促すことが重要である」。「また，学習したことを実生活，実社会において生かすことを重視し，学校段階の接続及び発達の段階に応じて指導内容を整理し，明確に示すことで体系化を図る」と述べている。

　なかでも「体育については，体を動かすことが，身体能力を身に付けるとともに，情緒面や知的な発達を促し，集団的活動や身体表現などを通じてコミュニケーション能力を育成することや，筋道を立てて練習や作戦を考え，改善の方法などを互いに話し合う活動などを通じて論理的思考力をはぐくむことにも資することを踏まえ，それぞれの運動が有する特性や魅力に応じて，基礎的な身体能力や知識を身に付け，生涯にわたって運動に親しむことができるように，発達の段階のまとまりを考慮し，指導内容を整理し体系化を図る」としている。

　生きる力の育成を図るためには，基礎・基本を身に付けるとともに健康な体や体力の向上を図ることが求められている。基本的な生活習慣の確立，なかでも運動習慣を身に付けることにより生涯にわたる心身ともに健康な体をつくり上げることが重要である。

(2) 知的障害のある児童生徒の目標と内容

　知的障害者を教育する特別支援学校についての各教科の目標及び内容は，特別支援学校小学部・中学部学習指導要領及び同高等部学習指導要領に示されている。これらの内容は，次ページの表１の通りであるが，いずれの学部においても各教科の内容は学年ではなく段階ごとに示されている。これは知的障害者を教育する特別支援学校においては，一人一人の実態に応じて指導する内容を選択し，指導することが求められているからである。また，その際には表２の小学校，中学校，高等学校の内容を参考にすることも重要である。知的障害特別支援学級においては，これらの学習指導要領をもとに特別支援学校の学習指導要領を参考に内容を選定する。

　これらの学習指導要領，各段階に示された内容から児童生徒の発達や運動能力，興味や関心に応じて内容を選択し，指導方法の工夫をすることが大切である。常にＰ（計画）→Ｄ（実施）→Ｃ（評価）→Ａ（改善）のサイクルで授業を見直し，改善を図る。

　また，学習指導要領の総則には，「学校における体育・健康に関する指導は，児童又は生徒の発達の段階を考慮して，学校の教育活動全体を通じて適切に行うものとする」と示され，学校教育活動全体の指導との関連性が重要であるとしている。特に，自立活動との関連を考慮して取り組むことが大切である。また，それらの指導を通して，「家庭や地域社会との連携を図りながら，日常生活において適切な体育・健康に関する活動の実践を促し，生涯を通じて健康・安全で活力ある生活を送るための基礎が培われるよう配慮しなければならない」とされている。

　これらのことを踏まえて，年間指導計画や単元の計画，週ごとの指導計画の作成を図るとともに，一人一人の児童生徒の特性に応じた目標や指導内容，方法を明確にした「個別の指導計画」を活用して指導を実施することが重要である。

表 1　特別支援学校（知的障害）体育・保健体育の目標・内容

小学部（体育）	中学部（保健体育）	高等部（保健体育）
目標　適切な運動の経験を通して、健康の保持増進と体力の向上を図り、楽しく明るい生活を営む態度を育てる。	**目標**　適切な運動の経験を通して、健康や体力の理解と保持増進を図るとともに、明るく豊かな生活を営む態度を育てる。	**目標**　適切な運動の経験や健康・安全についての理解を通して、心身の調和的発達を図り、明るく豊かな生活を営む態度を習慣を育てる。
内容 ○1段階 (1) 教師と一緒に、楽しく手足を動かしたり、歩く、走るなどの基本的な運動をしたりする。 (2) いろいろな器械・器具・用具を使った遊び、表現遊び、水遊びなどを楽しく行う。 (3) 簡単な合図や指示に従って、楽しく運動をする。 ○2段階 (1) 歩く、走る、跳ぶなどの基本的な運動に慣れる。 (2) いろいろな器械・器具・用具を使った運動、表現運動、水の中での簡単な運動に親しむ。 (3) いろいろなきまりを守り、友達とともに安全に運動をする。 ○3段階 (1) 歩く、走る、跳ぶなどの基本的な運動や姿勢を変えるなどしていろいろな方法で行う。 (2) いろいろな器械・器具・用具を使った運動、表現運動、水の中での運動などをする。 (3) いろいろなきまりを守り、友達と協力して安全に運動をする。	**内容** (1) 体つくり運動、簡単なスポーツ、ダンスなどの運動をする。 (2) きまりや簡単なスポーツのルールを守り、友達と協力して安全に運動をする。 (3) 自分の発育・発達に関心をもったり、健康・安全に関する初歩的な事柄を理解したりする。	**内容** ○1段階 (1) 体つくり運動、いろいろなスポーツ、ダンスなどの運動をする。 (2) きまりやいろいろなスポーツのルールなどを守り、友達と協力して安全に運動をする。 (3) 心身の発育・発達に必要な健康・安全に関する事柄を理解する。 ○2段階 (1) 体つくり運動、いろいろなスポーツ、ダンスなどの運動を通して、体力や技能を高める。 (2) きまりやいろいろなスポーツのルールなどを守り、友達と協力し、進んで安全に運動をする。 (3) 心身の発育・発達に応じた適切な行動や健康・安全に必要な事柄に関する理解を深める。

表2 体育・保健体育の内容

小学校			中学校	高等学校
第1学年及び第2学年	第3学年及び第4学年	第5学年及び第6学年		
A 体つくり運動 B 器械・器具を使っての運動遊び C 走・跳の運動遊び D 水遊び E ゲーム F 表現リズム遊び	A 体つくり運動 B 器械運動 C 走・跳の運動 D 浮く・泳ぐ運動 E ゲーム F 表現運動 G 保健	A 体つくり運動 B 器械運動 C 陸上運動 D 水泳 E ボール運動 F 表現運動 G 保健	〔体育分野〕 A 体つくり運動 B 器械運動 C 陸上競技 D 水泳 E 球技 F 武道 G ダンス H 体育理論 〔保健分野〕	〔体育〕 A 体つくり運動 B 器械運動 C 陸上競技 D 水泳 E 球技 F 武道 G ダンス H 体育理論 〔保健〕

* 平成20年の改訂において、小学校から中学校、高等学校へと運動領域の内容の系統化が図られ、発達段階に応じた指導内容が明確化された。

2 「遊び」を多く取り入れる

　体育・保健体育といっても，知的障害のある児童生徒の状況を考えると，その活動内容は必ずしも初めから競技スポーツや複雑なルールのあるスポーツを取り上げる必要はない。児童生徒の自然発生的な体を動かす活動を大切にしながら，発達段階に応じた巧緻性や柔軟性等を考慮した動きのある遊びを組織していくことが大切である。

　「遊びを教える」→「遊びで教える」→「遊びが教える」といわれるように，遊びは，子どもにとっていろいろなことを身に付けるための原動力ということができる。そして，一人遊びから先生と1対1の遊び，友達同士の遊びや先生と友達の3人の関係の遊び，集団遊びへと広げていくことも大切である。また，これらの遊びの中に少しずつルールを取り入れてこのルールに基づいた動きや，仲間同士のかかわり方を身に付けさせていき，そのルールもだんだんと高度なものへと発展させていく。特に，小学部低学年においては，児童自身が体を動かすことを楽しめるような活動を行い，体を動かすことや友達とかかわることの楽しさを身に付けさせることが重要である。

　学習指導要領の体育の指導内容を見ると，これらの遊びを取り入れ，教師がリードすることにより，児童生徒が活動することを楽しんで自然に動きたくなる状況を作り上げていくことが求められている。児童生徒は楽しんでいるうちに活動し，目標を達成する授業をしたいものである。そのためには，教師は綿密な個別の指導計画やそれに基づく授業計画を作成することが必要である。

　小学校学習指導要領においても，低学年の体育の内容に示されているものには，運動遊び，水遊び，表現リズム遊びなどの表現が使われている。これは，体力の低下傾向や積極的に運動をする子どもとそうでない子どもとの二極化などが指摘されているなかで，低学年から楽しみながら積極的に体を動かす活動に取り組むことの大切

さを示している。特に知的障害のある児童生徒に対しては，先生のまねをしながら走ったり運動をしたりすることや，鬼遊び（追いかけっこ，手つなぎ鬼，高鬼，達磨さんが転んだなど）といった興味・関心を引く遊びを取り入れた活動の展開が重要である。

これらの遊びを通して，体の動きや身のこなし，簡単なルールや友達とのかかわり方を身に付けることができる。また，生活科を中心とした他の教科や自立活動などの内容とも関連させて，児童生徒の興味・関心を広げ，いろいろなものに対して意欲的に取り組む姿勢をはぐくむことにつなげていく。スポーツ種目についても，これらの遊びから施設の状況や児童生徒の実態に基づいた自由な発想で，すでにある競技からの工夫や新たな種目の創出，世界各国で独自に行われている種目から児童生徒の実態に応じた種目への変更などにより，新たな競技として取り入れることも可能である。

3 個別の指導計画の作成

平成20年の中央教育審議会答申，学習指導要領の改善において，個別の指導計画について次のように述べられている。

「現在，自立活動及び重複障害者の指導に当たっては，個別の指導計画を作成することとしているが，個々の子どもの多様な実態に応じた適切な指導を一層進めるため，各教科等における配慮事項なども含めた個別の指導計画を作成することを明確にする」。また，「個別の指導計画については，実践を踏まえた評価を行い，指導の改善に生かすことを明確にする」。

この答申を受けて，平成21年3月に告示された学習指導要領では，特別支援学校においては在籍するすべての幼児児童生徒に対して，個別の指導計画及び個別の教育支援計画の作成，活用を義務付けている。さらに，特別支援学級や通級による指導を受けている児童生徒はもとより，通常の学級に在籍する配慮を要する児童生徒に対しても作成が推奨されている。

児童生徒一人一人に応じた教育を行うためには，その障害の程度や興味・関心，生活経験，学習経験等を考慮し，指導計画を作成することが必要である。さらに，体育・保健体育においては，身体的な障害の程度や健康，体力，運動能力等について把握することが重要である。

このように実態把握を行い，児童生徒一人一人の課題の設定，指導方法，指導の手立て，教材等を検討し，明記したものが個別の指導計画である。さらに，指導後は評価として指導による児童生徒の変容や次の課題についても記入する。

個別の指導計画の作成の手順については，次の通り進める。

① 実態把握（アセスメント，教育的ニーズの把握）
② 目標の設定（到達目標，方向性）
③ 指導計画の作成（内容・方法・教材等の具体的な計画）
④ 指導の展開（計画に基づく実際の指導）
⑤ 指導の記録（児童生徒の様子，教師の手立てや配慮事項等）
⑥ 評価（目標に対する児童生徒の評価，指導や手立ての評価）
⑦ 改善（評価に基づいて，目標，指導の改善）
⑧ ①に戻る

このように個別の指導計画を活用し，児童生徒のアセスメントとともに指導に関する目標設定，指導内容，方法，教材等の評価をすることにより，授業の改善を図っていくことが重要である。また，個別の指導計画を活用し，他の教科や領域の指導との関連性や整合性を図ることも大切である。個別の指導計画により，担当する授業の見直しを図ることと合わせて，他の教員との間で児童生徒の把握について，また，目標の設定や指導の在り方について検討することが，教育課程全体の改善につながる。

〈岩井　雄一〉

4 「体の基本的な動き」と自立活動の内容との関連

「体の基本的な動き」（基本の運動）の内容の中には，自立活動の「身体の動き」の内容と同様のもの，類似したものがある。そのため，児童生徒の障害の状態等に応じて，体育・保健体育の内容と自立活動の内容との関連を考慮して，指導することである。また，児童生徒の障害の状態，運動能力などを把握して，必要に応じて，体育・保健体育，自立活動の双方で学習（指導）の内容として取り上げることもある。

自立活動の目標は，「個々の児童又は生徒が自立を目指し，障害による学習上または生活上の困難を主体的に改善・克服するために必要な知識，技能，態度及び習慣を養い，もって心身の調和的発達の基盤を培う」であり，内容には健康の保持など6項目，26の内容が示されている。しかし，内容の示し方は，概括的で，このままでは指導計画を作成することは難しいといえる。

そのため，指導内容を具体化する必要があり，学習指導要領に示されている自立活動の目標，内容をもとに，大南英明が，平成21年7月に次のような試案をまとめた。

この試案は，平成15年にまとめたものを改訂したものである。

5　身体の動き
(1)　姿勢と運動・動作の基本的技能に関すること
　①姿勢と運動・動作の状態を知るために，座位や立位や歩行や走ることなどを特別にしてみること。
　②姿勢と運動・動作に表れる持続的な緊張を自らゆるめる学習をすること
　③身体の各部位に少し力を入れ，意図するとおりにゆっくり動かす学習をすること
　④自ら自分の体に触れたり，動かしたりして，自分の体のイメージを養うこと

⑤両足を伸ばして座る，膝を立てて座る，しゃがむ，中腰になる，腰を曲げる，背筋を伸ばす・反らせる，立ち上がる，両足で踏みしめて立つなどの体の動かし方を練習すること
　　⑥立位で重心を前後左右へ移動する動きを学習すること
　　⑦障害物の越え方や階段の昇り降り，ころんで手をつくなどの動作を習得すること
　　⑧それぞれの体の動きのバランスができるだけうまくいくように学習すること
(2)　姿勢保持と運動・動作の補助的手段の活用に関すること
　　⑨自らの状態にあった姿勢保持と運動・動作の補助的手段について助言を受け，自ら考えてみること
　　⑩補助的手段を用いて，より良く姿勢保持や運動・動作ができるよう学習すること
(3)　日常生活に必要な基本動作に関すること
　　⑪全身の力を緩めて膝を伸ばし，仰向けやうつぶせになれるように学習すること
　　⑫気持ちを落ち着けて，咀しゃくや飲み込むときの体の必要な部位の動かし方を学習すること
　　⑬食事に必要な目や手の動きや口の動き，及びそれらの協応する動作を学習すること
　　⑭排泄に必要な立位，中腰位，座位や呼吸の仕方などを体験として学習すること
　　⑮衣服の着脱，洗面，入浴などに必要な体の動きを部分的に練習し，その後，一連の動きとして学習すること
　　⑯手の握り方や開き方，手指の一本ずつの動きと協応した動きを学習すること
(4)　身体の移動能力に関すること
　　⑰保有する移動能力が効果的に発揮されるように助言を受け，自ら考えること

⑱立位姿勢の安定，重心の移動，踏み出す動作及び自分に合った足の運び方の学習をすること
　⑲歩くときや走るときの手や足の協応動作や調整力を養う練習をすること
　⑳移動の補助的手段を利用するときの体の動かし方を学習すること
(5) 作業に必要な動作と円滑な遂行に関すること
　㉑大小や厚い薄いなど種々の状況に応じた物の持ち方や握り方や力の入れ方を学習すること
　㉒作業に必要な姿勢や身体の動かし方を特別に抽出して学習すること
　㉓作業で疲労が蓄積しないような体の動き方を考えて，それに慣れるように学習すること
　㉔作業に応じた全身の力のコントロールの仕方を考えて体験として，学習すること

5 健康・安全に関する指導と生活科との関連

　知的障害特別支援学校小学部には，全学年で「生活科」を指導することになっており，保健の内容は，「生活科」の内容として取り扱われている。健康・安全に関する内容については，「生活科」の内容と関連付けて指導するようにする。
　健康・安全に関する「生活科」の内容は，次のようである。
　1段階　(2) 教師と一緒に健康で安全な生活をする。
　2段階　(2) 教師の援助を受けながら健康で安全な生活をする。
　3段階　(2) 健康や身体の変化に関心をもち，健康で安全な生活をするように心掛ける。

〈大南　英明〉

特別支援学校・小学部

朝の運動
~自分のペースで運動しよう~

1 ねらい

○見通しをもって自分から進んで運動する。
○個々の目標の周回数を走ることができる。
○決まった時間を走ることができる。

2 学習活動

<1・2年生>
(1) 5分間走をする
 ・朝の運動の曲が流れている間, 設定されたコースを走る。

<3・4年生>
(1) 表現運動をする
 ・「エビカニクス」のダンスをする。
 ・「ゾウさん列車」の曲に合わせて, 友達や教師の肩に手を置いてつながりながら歩く。
(2) 7分間走をする
 ・朝の運動の曲が流れている間, 設定されたコースを走る。
(3) ウォーキングをする。
 ・曲(「さんぽ」)のテンポに合わせて3分間歩く。

<5・6年生>
(1) 表現運動をする
 ・「エビカニクス」のダンスをする。
(2) 10分間走をする
 ・朝の運動の曲が流れている間, 設定されたコースを走る。

③ 指導上の留意点

○ 児童の実態に基づいて，年間・学期目標と周回数や時間等の評価の観点を設定する。
○ １周走るごとにスタンプを押していくなど，視覚支援や見通しがもてる支援を心がけ，児童の活動量を確保できるようにする。
○ 人数が多く，小学部一斉の活動は運動量の確保が難しいため，体育館以外の廊下やプレイルーム等も活動場所とし，学年部単位で活動できるようにする。
○ 発達段階を考慮し，低学年は５分間，中学年は７分間，高学年は10分間の持久走を行う。
○ 表現運動では，体全体を使った大きな動きが多いため「エビカニクス」の曲を選曲した。持久走では，児童の走る意欲を高めるためや，走る時間のめやすとするために音楽を流している。曲は，学年部の児童の実態に合わせて選曲した（中学年がゆっくり歩くときの音楽は「さんぽ」，高学年がテンポよく走るときの音楽は「ディズニーダンスバージョン」など）。
○ 中学部とのつながりも考慮し，高学年の持久走中の音楽は，中学部と同じ曲をアレンジして流す。

④ 題材名「自分のペースで10分間走ろう～高学年持久走～」

●ねらい

・持久走の曲が始まったら，自分で走り始めることができる。
・設定した目標以上の周回数を走ることができる。
・少ない支援で10分間走り続けることができる。

●個別の指導計画 （全60時間）

	Aさん	Bさん
1	10分間最後まで走る。　　（15時間） ・10分間自分のペースで走る。 ・できるだけ「歩かない」ことを事前に確認してから走る。 ・周回数を記録するカードに記録を書き，振り返る。	教師の言葉かけなどの支援で，体育館を15周以上走る。 　　　　　　＊1周約60m（15時間） ・10分間自分のペースで走る。 ・歩いているときには言葉をかけ励ます。 ・15周以上走ったときには，称賛する。
2	周回カードを持ちながら走る。 　　　　　　　　　　（15時間） ・周回数カードをめくりながら走り，周回数を意識できるようにする。 ・記録を意識するために，周回数を記録カードに記入する。目標を達成できたときには，シールを貼り，達成感がもてるようにする。	教師の言葉かけなどの支援で，18周以上走る。　　　　　（15時間） ・走っているときには称賛し，できるだけ長く走ることができるようにする。 ・児童の様子を見ながら言葉かけや伴走を行い，走る時間を少しずつ増やしていく。
3	教師と考えた周回数を目標にして走る。　　　　　　　　（15時間） ・事前に教師と目標の周回数を決めてから走る。 ・走り終わったあとは，周回数を教師に報告し，記録カードに記録する。	教師の言葉かけなどの支援で，20周以上走る。　　　　　（15時間） ・児童の様子を見ながら言葉かけや伴走を行い，目標の周回数以上走ることができるようにする。
4	自分で考えた周回数を目標にして走る。　　　　　　　　（15時間） ・自分で目標の周回数を決めて，その周回数以上走ることができるようにする。	教師の言葉かけや伴走などの支援で，最後まで走り続ける。（15時間） ・スピードが落ちてきたら伴走し，最後まで歩かずに走り続けることができるようにする。走っている

| ・適切な周回数に設定しているか事前に確認する。 | ときは，見守る。 |

個別の指導計画

●児童の実態

	Aさん	Bさん
持久力	・一定のペースで走ることができ，目標に応じて走るスピードが調節できる。 ・10分間で，平均26周以上走ることができる。	・速いペースで走ることができるが，一定のペースで走ることは難しい。 ・10分間で，平均21周以上走ることができる。
コミュニケーション	・言語指示は理解し，行動することができる。 ・難しい単語はわからないが，簡単な会話をすることができる。	・言語指示はある程度理解し，行動することができる。 ・人とのかかわりを自分から求めることが多い。
学習状況	・できるだけ多くの周回数を走りたいと，意欲をもって取り組んでいる。 ・自分で適切な目標周回数を設定することができる。	・一人で走ると，ゆっくり歩いていることがある。 ・気持ちがのっているときは，続けて走ることができる。 ・周回数の理解は難しい。

●学習展開

1 自分のペースで10分間走ろう	
ねらい	Aさん	自分で達成可能な目標を立てることができる。目標の周回数以上走ることができる。
	Bさん	教師と一緒に最後まで走り続けることができる。10分間で21周以上走ることができる。

朝の運動

学習活動	個別の支援	
	Aさん	Bさん
1 コースの準備をする。	・自分で準備ができるので、取組の様子を確認する。	・「準備をします」と言葉をかけ、コーンを並べるように促す。
2 エビカニクスのダンスを踊る。	・動きが小さくなりやすいので、教師が大きな動きで踊る。	・「踊りましょう」と言葉をかけながら、教師が踊る。
3 10分間走をする。	・周回カードを持たせ、1周ごとに1枚めくるようにする。	・様子を見て言葉をかけ、スピードが落ちてきたら一緒に走る。
4 自分の記録を報告する。	・教師に記録を報告するように促す。	・設定した目標を達成した場合は、その場で褒める。
5 記録を記録用紙に記入する。	・教室に記録用紙を貼っておき、自分で記録ができるようにする。ご褒美シールも用意しておき、達成できたら貼るように促す。	・教師が記録用紙に記録を記入する。平均周回数などで、日々のがんばりを評価する。

6 評価

・自分から進んで朝の運動に取り組むことができる。
・10分間走で目標の周回数以上走ることができる。
・10分間走で最後まで走り続けることができる。

授業の様子

写真1　児童の様子

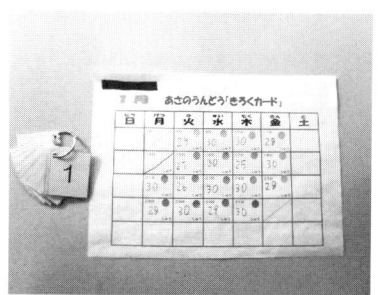

写真2　周回数カード・記録カード

〈鈴木　宏和〉

特別支援学校・中学部

サーキット運動で いろいろな動きをしよう
～巧みな体の動きの獲得を目指して～

1 ねらい

○日常的に行っているラジオ体操やダンスを行うことにより，体を動かす楽しさや心地よさを味わうとともに，いろいろな友達とかかわる。

○3分間走やサーキット運動を通して，「巧みな動き」や「運動を持続する能力」などを高める運動を行うことにより，体力を高める。

○いろいろな動きを取り入れたサーキット運動を通して，自立活動における「体の動き」，特に姿勢と運動の基本的技能に関することや日常生活に必要な基本動作に関することを身に付ける。

2 学習活動

(1) ラジオ体操とダンス，補強運動などをする

・準備運動として，毎日，日常生活の指導の時間に行っているラジオ体操とダンスを行う。

・楽しい雰囲気を感じ，体を動かす心地よさを味わう。また，友達と一緒にダンスをするなど，友達とかかわりをもちながら活動する。

・簡易なエクササイズバンドを使って，腕や胸，背中，脚などの補強運動を行う。

簡易なエクササイズバンド

また、エクササイズバンドを持ってダンスをする。
- (2) 3分間走をする
  - ・1周40m（10×10mの正方形）のコースを3分間自分のペースで走る（歩く）。
  - ・教師の声かけや、励ましに応じて、長く運動を続ける。
- (3) いろいろな動きをする

犬歩き

  - ・前向きや後ろ向きで歩く、横向きで歩く、大股で歩く。
  - ・柔軟性を高めるようなストレッチ運動を行う。
  - ・いろいろな動物の動きをまねて、楽しみながら様々な姿勢や動きで歩く。
- (4) サーキット運動をする
  - ・ミニハードルやフープ、ラダーなどの上を、片足や両足でジャンプをしたり、リズミカルに走り抜けたりする。
  - ・マット、跳び箱、平均台などの上で、前転や後転をしたり、開脚跳びや跳び箱からのジャンプをしたり、歩いたりする。

３ 指導上の留意点

○「歩く」「走る」「跳ぶ」など生活に必要な動きを取り入れ、基本的な姿勢や動きが身に付けられるようにする。
○生徒が模倣しやすい動きや運動を行い、できた喜びを味わわせることで、主体的に運動に取り組む意欲を高めることができるようにする。
○毎時間「ラジオ体操・ダンス」「３分間走」「いろいろな動き」「サーキット運動」の順番で行い、生徒が見通しをもって学習できるようにする。
○音楽を流したり、教師が声をかけたりすることにより、楽しい雰

囲気で運動ができるようにするとともに，生徒が飽きずに運動を続けることができるようにする。

④ 題材名「いろいろな動き」

●ねらい
・「歩く」「走る」「跳ぶ」などの基本的な運動をすることができる。
・3分間走で，長く運動を続けることができる。
・教師の動きを見て，動物の動きをまねすることができる。
・サーキット運動でいろいろな動きをすることができる。

●指導計画（全8時間）

1 すばやく走ろう（巧緻性，敏捷性）（4時間）
(1) いろいろな向きで歩く。 　・前向き，後ろ向き，横向き (2) ストレッチをしながら歩く。 　・上肢，下肢，首，背腹，体側 (3) 動物になって歩く。 　・犬歩き（手をついて），アヒル歩き（しゃがんだ姿勢） 　・ゾウ歩き（腕を振りながら），ウサギ歩き（両足跳び） (4) すばやい動きのサーキット運動をする。 　・ミニハードル（リズミカルなステップ） 　・ラダー（細かいステップ） 　・フープ（大きなステップ）
2 ジャンプをしよう（力強い動き，平衡性）（4時間）
(1) いろいろなステップで歩く。 　・クロスステップ，バックステップ，ジャンプステップ (2) ストレッチをしながら歩く。 　・上肢，下肢，首，背腹，体側 (3) 動物になってジャンプをする。 　・ウサギジャンプ（両足跳び），カエルジャンプ（しゃがんだ姿勢からの

両足跳び）
　・カンガルージャンプ（腕を振りながら）
(4)　力強い動きのサーキット運動をする。
　・マット（前転，後転，側転）
　・跳び箱（開脚跳び，台上からのジャンプ）
　・平均台，曲線平均台

5 個別の指導計画

●生徒の実態

	A君	B君
身体健康	・知的障害。肥満傾向ではあるが，健康である。 ・弱視及び視野が狭く段差や奥行きの把握が難しい。	・自閉症。肥満傾向ではあるが，健康である。 ・抗てんかん剤を服用しており，3年ほど発作は出ていない。
運動	・左上下肢に軽いまひがあり，十分に動かせない。 ・歩行や走行時に前かがみになり姿勢が崩れる。 ・不随意運動が見られる。	・体操やダンスなど教師の動きを模倣しようとする意欲に乏しい。 ・走ることはできるが，長く続けることが難しい。
学習状況	・言葉による指示で学習内容を把握できる。 ・運動は好きであり，朝のランニングや体育の学習に意欲的に取り組む。	・運動はあまり好まないが，支援があれば体育の学習に参加できる。 ・運動能力は比較的高い。

●学習展開（第3時）

1	すばやく走ろう	
ねらい	A君	よい姿勢で，腕をしっかり振って走ることができる。
	B君	一定のペースで長く走ることができる。

学習活動	個別の支援	
	A君	B君
1 ラジオ体操，ダンスをする。 2 「3分間走」をする。 3 いろいろな向きで歩く。 ・前向き ・後ろ向き ・横向き 4 ストレッチをする。 ・上肢，下肢 ・首，背腹 ・体側 5 動物になって歩く。 ・犬歩き ・アヒル歩き ・ゾウ歩き ・ウサギ歩き 6 サーキット運動をする。 ・ミニハードル ・ラダー ・フープ 7 整理運動をする。	・教師が声をかけてまひのある左腕の動きを意識させる。 ・歩く，走る運動は体を起こして胸を張り，よい姿勢になるよう声をかけたり，支援をしたりする。腕を十分に振らせる。 ・教師がゆっくり，大きな動作でわかりやすいように歩き方の見本を見せる。 ・一つ一つの運動を正確に行うように支援し，ステップの踏み方や走り方が十分に習得できるようにする。	・教師を注視させ，動きを正確に模倣できるように，大きな動きをしたり，声をかけたりする。 ・3分間走では教師が声をかけながら一緒に走り，できるだけ長い距離を走らせる。 ・動物の鳴き声などで注意を引き，声を出しながら動きを模倣させる。 ・「トントン」「タンタン」など擬音で足の動きを表現し，正しいステップが踏めるようにする。

6 評価

・体育の学習が室内(体育館)で行われることが多く，運動量を十分に確保するために3分間走やサーキット運動は，効果的であった。

- 動物の動きをまねた歩行やジャンプは生徒の興味を引き，意欲的に運動する姿が見られた。
- サーキット運動では生徒の実態に合わせ，難易度やステップの踏み方，ジャンプの仕方を変えることにより，個別の運動目標を設定して取り組むことができた。

7 授業の様子

【A君】

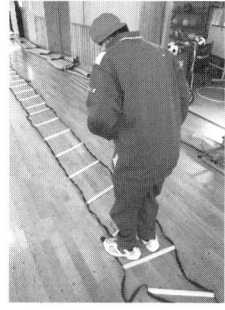
ラダー

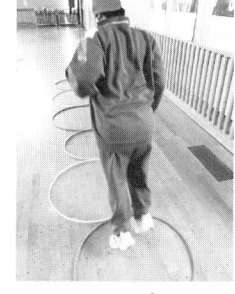
フープ

跳び箱

【B君】

猫歩き

マット

〈鈴木　智也〉

特別支援学校・高等部

サーキットトレーニング
～働くための基盤となる体をつくろう：Aグループの取組～

　本校知的障害教育部門高等部普通科普通コースでは，毎日1時限の後半20分間を「体力づくり」の時間とし，生徒の体力向上を目指して取り組んでいる。目指す力をもとにA，B，Cの三つのグループに分けて指導に当たっており，Aグループはそのほとんどが企業就労を希望しているグループである。

1 ねらい

○就業体験実習や就労に必要な体力の向上を図る。
○自分の課題を知り，目的意識をもってトレーニングを行う。

2 学習活動

　ストレッチを行ったあと，教室と廊下を使用してサーキットトレーニングを行う（配置図参照）。
(1)　ストレッチ
(2)　スクワット
(3)　足上げ腹筋・カーフレイズ
(4)　腕立て伏せ・背筋
(5)　上体起こし・後ろ腕立て伏せ
(6)　ラダー
(7)　ストレッチ

サーキットトレーニング配置図

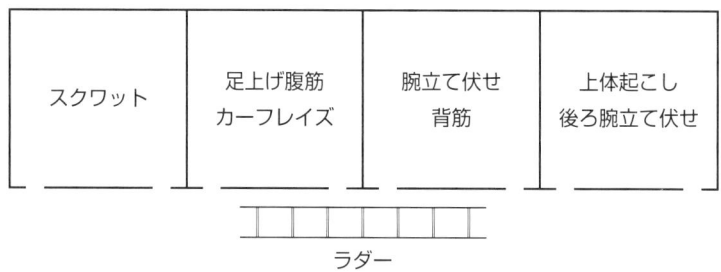

3 指導上の留意点

○トレーニングの効果を知り,動かす筋肉を意識できるようにする。　　　　　　　　　　　　　　　　　　　　　　　【意識性】
○腕,腹筋,背筋,脚をバランスよく鍛える種目を設定する。
　　　　　　　　　　　　　　　　　　　　　　　　　　【全面性】
○一人一人の体力的な課題を把握し,トレーニングに反映させるようにする。　　　　　　　　　　　　　　　　　　　　【個別性】
○トレーニング効果が現れてきたらトレーニング強度を増すようにする。　　　　　　　　　　　　　　　　　　　　　　【漸進性】
　＜例＞　各種目のトレーニング時間20秒,移動時間15秒
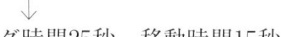
　　　　　各種目のトレーニング時間25秒,移動時間15秒
○トレーニングは継続することで効果が現れるため,Aグループについては毎日継続する。　　　　　　　　　　　　　　【反復性】

4 題材名「サーキットトレーニング」

●ねらい
・主体的にサーキットトレーニングやストレッチに取り組む。
・正しい方法でサーキットトレーニングをする。

・運動後は体が柔らかくなることを理解する。

●**指導計画**（総時数127時限，1時限を20分とする）

1　サーキットトレーニング①（全24時限）
・正しい方法でサーキットトレーニングをする。
2　サーキットトレーニング②（全43時限）
・正しい方法で主体的にサーキットトレーニングに取り組む。 ・運動後は体が柔らかくなることを理解する。
3　サーキットトレーニング③（全37時限）
・自身の体力的な課題を意識し，正しい方法で主体的にサーキットトレーニングに取り組む。 ・運動後は体が柔らかくなることを理解する。
随時①　サーキットトレーニングの学習（全8時限）
・自身の体力面の課題を把握し，サーキットトレーニングの目的や効果を理解する。
随時②　新体力テスト（全15時限）年間3回
・記録の向上を目指し，成果を実感する。

5 個別の指導計画

●**生徒の実態**（H24．6月新体力テストより）

検証したい項目と実施種目		Aさん
筋力	＜握力＞	○
全身持久力	＜シャトルラン＞	△
筋持久力	＜上体起こし＞	○
柔軟性	＜長座体前屈＞	×
敏捷性	＜反復横とび＞	○

巧緻性	＜ハンドボール投げ＞	△
瞬発力	＜立ち幅跳び＞	△

◎は得点 8 点以上，○は 7 ～ 5 点，△は 4 ～ 3 点，×は 2 点以下
（文部科学省新体力テスト12歳～19歳対象による得点）

▶学習展開（サーキットトレーニング②第38時限）

2 サーキットトレーニング②	
ねらい	・自身の体力的な課題を意識し，正しい方法で主体的にサーキットトレーニングに取り組む。 ・運動後は身体が柔らかくなることを理解する。

学習活動	個別の支援
	Aさん
1 本時の活動内容を確認する。 2 ストレッチをする。 3 サーキットトレーニングをする。 ①スクワット ②足上げ腹筋・カーフレイズ ③腕立て伏せ・背筋 ④上体起こし・後ろ腕立て伏せ ⑤ラダー	・本時の活動内容と目標を確認し，活動への意欲を高める。 ・必要に応じて動作の補助を行う。柔軟性向上への意識を高めるため，身体の前屈では，床から指先までの距離を測定する。 ・主体的に取り組めるように，あらかじめ各教室に種目名とねらい，留意点を示したカード（以下の2枚）や，姿勢を図示したカードなどを掲示しておく。 カードⅠ　　　　カードⅡ スクワット　　　足あげ腹筋 太ももを　　　　下腹部を きたえる　　　　きたえる いすにおしりを　足のうらを つける感じで　　天井にむけてける

サーキットトレーニング

| 4 ストレッチをする。 | ・サーキットトレーニング前よりも身体が柔らかくなっているか確認するため再度測定する。 |
| 5 本時のまとめをする。 | ・意識したこと（正しい姿勢，回数）を質問形式で確認する。 |

6 評価

・自分の課題を意識し，正しい方法で主体的にサーキットトレーニングに取り組むことができたか。
・運動後，身体が柔らかくなることを理解できたか。

7 授業の様子

Aさんの新体力テストの結果は次の通りである。

Aさんの新体力テスト結果

	握力	上体起こし	長座体前屈	反復横跳び	シャトルラン	50m走	立ち幅跳び	ハンドボール投げ	総合得点
H23.6	3	6	1	5	4	5	3	3	30
H24.10	5	6	4	7	4	7	5	5	43

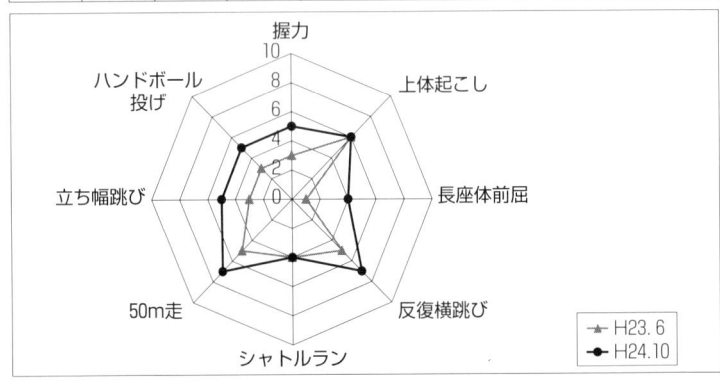

写真1　ストレッチ　　写真2　スクワット　　写真3　上体起こし

　写真1は，床から指先までの距離を測定している様子である。
　写真2は，鏡を見ながらいすにおしりをつけるような意識で，スクワットを行っている様子である。
　写真3は，膝を曲げ，腕の反動を使わないように意識して上体起こしを行っている様子である。

　平成23年6月と平成24年10月のAさんの新体力テストの結果を比較してみると，8項目中6項目に向上がみられ，得点は13点伸びている。就労に向けAさんが体力面での自分の課題を知り，意欲的にトレーニングに励んだ成果であると考える。
　平成25年2月，今年度最後の新体力テストを実施中であるが，さらに得点が伸びていると期待できる。
　Aさんは4月から企業就労が決まり，まもなく卒業である。

〈田中　日呂美〉

[参考文献]
平成11年文部科学省「新体力テスト実施要項（12〜19歳対象）」

特別支援学級・小学校

体つくり運動をしよう
~体をほぐし，多様な動きに楽しく挑戦する~

1 ねらい

○様々な体の基本的な動きを培う。
○運動の楽しさを知り，進んで運動することができる。
○自分の体や友達の体に気づくことができる。

2 学習活動

(1) **体ほぐしの運動を行う**
- のびのびとした動作で用具（フラフープ・風船・ボール・なわ・風呂敷など）を用いた運動をする。
- リズムにのって心が弾む（肩・ひざ・へそを動かす）ような動作で運動を行う。
- リラックスしながらペアでのストレッチング（立って・座って・寝て）を行う。
- 動作や人数などの条件（手をつなぐ・電車になって・二人三脚など）を変えて，歩いたり走ったりする運動を行う。
- 伝承遊び（おしくらまんじゅう・なべなべそこぬけなど）や集団による運動遊び（いろいろな鬼ごっこ・長縄とびなど）を行う。

(2) **多様な動きをつくる運動遊びを行う**
- 体のバランスをとる運動遊び（片足での回転・線上歩行・バランスボール遊び・バランス崩しなど）を行う。
- 体を移動する運動遊び（くも歩き・あざらし・手押し車・馬とびなど）を行う。

- 用具を操作する運動遊び（新聞紙・短なわとび・ボール・フラフープ・竹馬など）を行う。
- 力試しの運動遊び（いろいろな相撲・おんぶごっこなど）を行う。

③ 指導上の留意点

○楽しい雰囲気をつくり，各自の様子を見ながら無理のないように声をかけ配慮をする。
○教師も一緒に楽しむようにする。
○用具の安全な使い方について知らせる。
○実態に応じて，運動の量や質に配慮する。
○些細なことでもできたことを褒めて，次への意欲につなげる。

④ 題材名「多様な動きに挑戦し動きを身に付けよう」

●ねらい
- 自分の体や友達の体に気づくことができる。
- 体のバランスをとる運動遊びに挑戦し，バランス感覚を養うことができる。
- 体を移動する運動遊びに楽しく挑戦し，体を移動する動きを身に付けることができる。
- 用具を操作する運動遊びに挑戦し，用具を操作する動きを身に付けることができる。
- 力試しの運動遊びに挑戦し，力試しの動きを身に付けることができる。

●指導計画（全8時間）

1	体ほぐしの運動を知る

・リズムに乗っての運動・手をつないで歩く走るなど・ペアでのストレッチ・伝承遊び（なべなべそこぬけ，あんたがたどこさなど）

2	体のバランスをとる運動遊びに挑戦する

・線上歩行（頭にハンカチなどをのせて，前へ・後へ・横歩きなど）
・長縄（直線や曲線）の上を落ちないように歩く，走る。

3	体のバランスをとる運動遊びに挑戦する

・平均台でのジャンケンゲーム（這って，歩いてなど）
・二人で手をつないで横転がり・バランス相撲（両足，片足など）

4	体を移動する運動遊びに挑戦する

・リズムに乗って這う，歩く，走る，転がる，スキップ，ギャロップ，前後へ，左右へ

5	体を移動する運動遊びに挑戦する

・ジャングルジムや肋木で上ったり下りたり，上って周りを1周したりする。
・3分程度の曲に合わせて歩いたり走ったりする。

6	用具を操作する運動に挑戦する

・新聞紙で遊ぶ（振る，投げる，捕る，運ぶ，丸める，ちぎる，乗るなど）。

7	用具を操作する運動に挑戦する

・ボール（つく，転がす，投げる，捕る，運ぶ，大きく弾ませキャッチなど）・輪（くぐる，腕や腰で回すなど）・なわ（かけあし跳び，交差跳び，あや跳び，二人跳びなど）・竹馬・Gボールで遊ぶ。

8	力試しの運動に挑戦する

・押し相撲・尻相撲・人数を変えての綱引き・おんぶ・手押し車・バスタオル号に乗せてなど。

＊1時間目を除き，毎時間授業の前半と後半それぞれ5分程度「体ほぐしの運動」を入れる。

5 個別の指導計画

▶児童の実態

	Aさん	Bさん	Cさん
運動への関心	・運動は好きではない。休み時間は室内で過ごすことが多い。	・体を動かすことは好きだが、ルールを守ることは苦手である。	・運動は好きで、一生懸命に取り組む。
社会性	・明るく、人なつこい。あいさつがよくできる。	・ルールを守ったり対人関係を築いたりすることが苦手である。	・小さい子の面倒をよく見ることができる。

▶学習展開（第6時）

6	用具を操作する運動に挑戦する	
ねらい	Aさん	・新聞を使って楽しく運動することができる。
	Bさん	・新聞を使ってルールを守って運動することができる。
	Cさん	・新聞を使って、投げる・捕る・運ぶ・走るなどの運動をすることができる。

学習活動	個別の支援		
	Aさん	Bさん	Cさん
1 学習の流れを知る。 2 準備運動をする。 3 新聞紙で遊ぶ。	・説明を聞いて流れを知る。 ・指導者の動きをまねる。	・説明を聞いて流れを知る。 ・指導者の動きをまねる。	・説明を聞いて流れを知る。 ・リズムに乗って指導者の動きをまねる。

・振ったり回したりする。	・指導者と一緒に左右に振ったり,回転したりする。	・新聞紙の端を持って,左右に振ったり,回転したりする。	・新聞紙の動きを楽しみながら左右に振ったり,回転したりする。
・広げたまま投げたり捕ったりする。	・指導者を見てまねたり,指導者の投げた新聞をキャッチしたりする。	・自分で投げたり捕ったりする。	・一人でやったり,二人でやったりする。
・風船をのせて運ぶ。	・指導者と二人で新聞を持ち,風船をのせて落とさないように運ぶ。	・一人で運んだり二人で運んだりする。	・一人で運んだり二人で運んだり,みんなで運んだりする。
・丸めて投げたり捕ったり転がしたりする。	・新聞紙を丸めて,指導者のまねをしたり,二人でキャッチボールや転がしゲームをしたりする。	・新聞紙を丸めて,指導者のまねをしたり,二人でキャッチボールや転がしゲームをしたりする。	・新聞紙を丸めて,まとあてをしたり,数人でキャッチボールや転がしゲームをしたりする。
4 新聞紙で踊る。	・リズムに乗って,指導者のまねをしたり,自由に動かしたりして踊る。	・リズムに乗って,指導者のまねをしたり,自由に動かしたりして踊る。	・リズムに乗って,指導者のまねをしたり,自由に動かしたりして踊る。
5 本時を振り返る。			

6 評価

・投げる，捕る，走るなどの基本的な動きを身に付けることができたか。
・楽しく運動することができたか。
・仲良く運動することができたか。

7 授業の様子

新聞を投げてキャッチする　　　　新聞風船渡し

新聞を足で
キャッチする

〈狐塚　登喜枝〉

体つくり運動をしよう　41

特別支援学級・小学校

体力つくりをしよう
～毎日からだをきたえよう～

1 ねらい

○体を鍛える活動を通して，自分のできる運動を増やしていく。
○体力つくりを通して，日常生活や交流学級での行事等にスムーズに参加できる運動技能を養う。
○仲間を意識し，仲間に褒めてもらうことで自己肯定感を養う。

2 学習活動

(1) **目標を立てる**
 ・各自の目標を立て，短冊黒板に掲示する。
 ・目標を発表する。
(2) **準備をする**
 ・マットや平均台等を準備する。
 ・上着や上ばきをそろえて置く。
(3) **マット運動**
 ・ペアを組んで，腹筋運動や背筋運動をする。
 ・演技の前には，手を挙げてから始める。
 ・演技終了後は両手を挙げて，終了の合図をする。
(4) **マットや平均台を片付ける**
 ・みんなで協力して片付ける。
(5) **なわとびをする**
 ・短縄や長縄跳びをする。
(6) **本時の反省をする**
 ・個々の短冊黒板を見ながら，互いのがんばりを褒め合う。

③ 指導上の留意点

○ 友達とペアを組んで体力つくりをするために、全員がそろう1時間目に設定する。
○ 毎日同じ活動を繰り返すことで、発語のほとんどない児童が見通しをもって取り組めるようにする。
○ 同じ活動ではあるが、マンネリ化しないように少しずつ各自の目標は高くしていく。
○ 友達がマットや跳び箱をするときには、離れた位置で応援させ、安全に配慮する。

④ 題材名「からだをきたえよう」

●ねらい
・友達と協力して、マットや跳び箱の準備をすることができる。
・安全に気を付け、マット運動や跳び箱運動ができる。
・長縄跳びや短縄跳びの技に挑戦することができる。
・自分の目標を友達に伝えることができる。

●指導計画（25分×20回）

1　本時の目標を立てる
・短冊黒板に各自の目標を書き、掲示する。
・一人ずつ目標を発表する。

2　マットや平均台等を準備する
・友達と力を合わせてマットを床に広げる。
・上ばきや上着を決められた場所にきちんとそろえて置く。
・マット運動は一人ずつ順番に行う。
・跳び箱やマット運動をするときには、手を挙げて始める合図をする。
・演技が終了したら、両手を挙げて静止のポーズをとる。

3　短縄や長縄の準備をする
・なわとび大会までの日にちや挑戦する回数を発表し合う。 ・長縄跳びの回数を記録し掲示しておく。 ・なわとびカードを利用していろいろな跳び方の練習をする。
4　評価する
・掲示した目標を見て，目標を達成したら花丸カードを貼る。 ・目標を達成した児童には大いに褒め，次はさらに高い目標を立てて明日の見通しをもつ。

5 個別の指導計画

●児童の実態（6名中2名について示す）

Aさん	Bさん
・6年生（ダウン症） ・階段の上り下りは安全のため，ほぼ教師が見守ったり，手を添えたりしている。 ・発語はほとんどなく，目標を発表したり書いたりするときは，教師や仲間の支援を要する。 ・文字からの情報を得ることは難しく，身振りやサインや簡単な言葉で指示を理解している。 ・なわとびは，静止した縄を両手につなぐと跳び越すことはできるが，一人での両足跳びは難しい。 ・脱いだ服や上ばきをそろえるときには，かなり支援を必要とする。 ・跳び箱にはよじのぼることはできるが，跳び越すことは難しい。 ・特別支援学級での学習が中心で，6学年での交流学習はほとんどない。	・運動に関しては，ほぼ5学年相応の体力や技能をもっている。 ・新体操を習っており，マット運動等は得意である。 ・順番を守らないことなどから，仲間とのやりとりがスムーズにいかないことがある。 ・二重跳びが2回程度できる。 ・長縄は途中で集中できずにひっかかることがある。 ・交流学級の児童と一緒に団体跳びに参加することができる。 ・わかっていても，脱いだ服や上ばきをそろえずに置くことがある。 ・跳び箱で台上前転や開脚跳びなどもできる。 ・体育や音楽などの技能教科は，5学年での学習に参加が可能である。

●学習展開 （25分×5回）

なわとび大会で，自己最高記録に挑戦しよう。		
ねらい	Aさん	・友達と一緒に腹筋や背筋運動ができる。 ・マット運動で前転をすることができる。 ・床に置いたなわとびを10回跳び越すことができる。
	Bさん	・順番を守り，マット運動ができる。 ・友達の演技を応援し，拍手をすることができる。 ・短縄で二重跳びの練習をすることができる。

学習活動	個別の支援	
	Aさん	Bさん
1 本時の目標を短冊黒板に記入し，発表する。	・教師や仲間の支援を受けながら，目標を黒板に掲示する。 ・上ばきや脱いだ服を置くときには仲間と同じ場所にそろえて置くように声をかける。	・みんなが読めるような文字を書くことを意識し，短冊黒板に目標を書き掲示する。 ・先走ってマットなど準備を始めたときには，みんなで協力して出すように声をかける。
2 マットや平均台などの準備をする。		
3 腹筋や背筋運動をする。  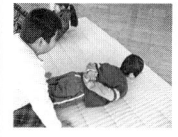	・腹筋でさらに体を持ち上げさせるときには，手を添えて体を持ち上げるようにする。 ・補助をする児童には，声を出して回数を数えるようにさせる。 ・目標回数を超えたときには，「まる」「上手」など褒める言葉で伝え，意欲をもたせる。	・Aさんや友達とペアで活動するときに，優しく声をかけたり手本を見せたりしていたら大いに褒める。 ・前転や倒立などお手本として演技をさせ，順番を守っていることや安全に気を付けていることを意識させる。

4 マットや平均台を片付ける。		・友達と協力してマットを決められた場所にきちんと片付けてから、次の活動に取り組むように声をかける。
5 短縄跳びや長縄跳びをする。	・「なわとび大会でがんばろう」という声をかけ、なわとび大会が近いことを知らせる。	
6 評価する。	・なわとびが上手に跳び越せたことを褒め拍手をする。	・みんなのお手本として活躍していたことを紹介し、大いに褒める。

６ 評価

・Bさんは、Aさんに話しかけるときにはゆっくり話しかけ、Aさんにわかるようにしていた。また、Aさんの目標を短冊黒板に書いたり、上手にできた友達に拍手をしたり、友達と仲よく行動することが多くなった。
・Aさんは、Bさんのお手本を見て、前転がスムーズにできるようになった。
・毎日決まった時間に体力つくりをすることで、通常の学級との交流が少ないAさんには、校内なわとび大会やマラソン大会なども自分の目標をもって参加できた。

❼ 授業の様子

みんなが見ている前で演技する

補助なしで前転ができるようになった

静止した縄を踏まずに跳び越せた

二重跳びなど個々に練習する

〈瀧原　朝子〉

特別支援学級・中学校

バランスボールを活用した体つくり
～主体的に取り組む体つくりを目指して～

1 ねらい

○体の部位を意識して動かすことで自分の体の状態に気づき，自分の体に関心をもって体力を高める運動に取り組む。

○体を動かすことの楽しさ，仲間と協力して運動することの楽しさを知り，主体的に運動に取り組む態度を養う。

○体力を高める運動（体のやわらかさ，巧みな動き，力強い動き）にねらいをもって取り組み，体力の向上を図る。

2 学習活動

(1) **バランスボールの特性を知り楽しく運動する**
　・ボールの弾みを利用して座ったままジャンプする。
　・体の軸を保って，おしりでバランスをとる。

(2) **力強い動き，タイミングのよい動きを高める**
　・小さいボール（軽い）とバランスボール（重い）を使い，腕や足・腹筋を鍛える。

(3) **巧みな動きを組み合わせて行う**
　・バランスボールでリズムをとりながら，ボールを投げる。
　・バランスボールを大きくついて，素早く1回転をしてキャッチする。
　・バランスボールの上を滑って前転をする。

(4) **習得した動きを，音楽に合わせて行う**
　・一つの動きを16呼間または32呼間行い，次の動きへとつなげていく。

③ 指導上の留意点

○できる動き,できない動きを通して,自分の体の状態に気づかせ運動に取り組む必要性を意識させる。
○汗を流して楽しく運動することが,心身のリフレッシュにつながることを経験させる。
○不得手な動きに対して,前向きに取り組もうとする態度を育て,できる動きからできない動きにチャレンジできるようにする。
○一人の動きから「二人組で」「みんなで」動くことを通して,相手の体の状態にも気づき,相手の状態に合わせて動くことや,協力して動くことの大切さを知り,「仲間とできた」喜びや楽しさを味わわせる。
○「やってみよう」という前向きに取り組める雰囲気や,楽しく行えるような場づくりを大切にしながら指導する。

④ 題材名「バランスボールで体の動きを高めよう」

●ねらい
・バランスボール等を活用して,体の各部分を意識して運動する。
・自分の体の状態に気づき,得意なことを伸ばしたり,苦手な部分を鍛えたり前向きに取り組む態度を育てる。
・仲間と協力して動くことの楽しさや大切さを知る。
・楽しく体を動かすことが心身のリフレッシュにつながることを体感する。

●指導計画（全12時間）

1 バランスボールの特性「弾む」「バランスをとる」の動きを楽しむ(2 時間)
①ボールの弾みを利用して座ったままジャンプする。 ②膝の屈伸を使いながら両手でボールを弾ませる。

③バランスボールに座り，体の軸を保ってバランスをとる。
（一人で・二人で・みんなで）

① ② ③

| 2 | バランスボールや小さいボールを使って力強い動きを高める（2時間） |

①小さいボールを両手や片手で「握る」。
②両足の間にボールをはさんで力を入れボールをつぶす。
③ボールに両足をのせ体を「支え」，手で歩くなどの動きを行う。
④バランスボールをついて持ち上げ，体を傾けて側屈をする（一人で行う・リレー形式で行う）。
⑤ボールを足にはさんで上下に動かす（一人で行う・リレー形式で行う・小さいボールから少しずつボールを大きくしていく）。

① ② ③ ④

| 3 | タイミングのよい動き，巧みな動きなども組み合わせてみんなで楽しく動く（3時間） |

①向き合って弾みながらタイミングよくボールを投げ合う。
②ボールの上に体を滑らせ最後は前転をする。できたらボールを増やしていく。
③お互いのおなかでボールをはさみ，ボールを落とさないように体を回転させる。
④ボールを強くついて，すばやく1回転しキャッチする。

① ② ③ ④

4 習得した動きを組み合わせて，音楽に合わせて動く。（5時間）

①一つの動きを16呼間～32呼間動き，次の動きにつなげていく。
②動きの順番を覚え音楽に合わせて行う。

5 個別の指導計画

●生徒の実態と個人目標

	生徒A（知的障害）	生徒B（自閉症・情緒障害）
実　態	・運動に苦手意識がある。 ・できなかったり，疲れてしまうとすぐに休んでしまう。 ・動きがぎこちなく，筋力・柔軟性に課題がある。	・運動は好きで積極的に取り組むが，失敗したり，注意されたりすると，意欲を失ってしまうことがある。 ・筋力や持久力はあるが，器用さはなく，巧みな動きを高めることに課題がある。
個人目標	・自分の体の状態に気づき，体の各部位を意識して運動しようとする。 ・教師や仲間と一緒に体を動かすことを楽しもうとする。	・失敗してもよいことを知り，あきらめないでその動きに取り組もうとする。 ・教師や仲間と協力して運動することの楽しさを知り，周囲と協力して動く。

●学習展開（第4時）

○仲間と協力して力強い動きを高める		
ねらい	生徒A	・体を動かすことを楽しもうとする。 ・ルールを守って仲間と協力して動こうとする。
ねらい	生徒B	・勝敗にかかわらず，ルールを守って仲間と協力して取り組もうとする。 ・自分の力を発揮して，体つくり運動に前向きに取り組もうとする。

学習活動	個別の支援	
	生徒A	生徒B
1　整列・あいさつ	・人との距離を保って並ぶ。	
2　準備体操		
3　ランニング 　軽快な曲にのってドリブルをしながら走る。	・バスケットボールでドリブルがつけないときはバランスボールを使う。	・右手だけでなく，左手や両手など工夫しながらドリブルをする。
4　メディシングボール 　チームに分かれて行う。 　・走るときはドリブルを使う。 　・小さいボールからバランスボールに変更し筋力アップを図る。 　・ボールの送り方を工夫する。 　①上から渡す。 　②体を捻って渡す。	・うまくドリブルできないときは，持って走っても可とする。 ・バランスボールをしっかり持ち上げることや，体をしっかり捻って渡すなど，体の部位を意識させる。	・勝敗にかかわらず，仲間を応援しながらゲームを楽しむよう促す。 ・動かす体の部位を意識して行うようにする。
5　マットの上でストレッチ 　・長座姿勢から足を開いてボールを前後に転がしながら体を伸ばす。	・体を伸ばして届きそうな所にテープを貼り，目標をもたせる。	
6　腹筋を鍛える 　・マットにみん		・うまくできない仲間とやっても待ってあげる

52　基本の運動，体つくり運動，表現運動

なで一直線に並び，仰向けになってボールを腹筋をして次の人に渡す。 ①両手で持って行う→足にはさんで行う ②軽いボールで行う→バランスボールで行う	・多少肘がついて起き上がってきても可とし，できるようになったらつかないよう声かけをする。	ことができるようにする。
7 バランスボールに両足をのせて体を支え，手で歩く。	・みんなができるようになったらリレー形式で競争して行う。	
・できる人はそこから前転をする。 8 まとめ・評価 ・今日の感想を発表する ・おわりのあいさつ	・手をついて，歩く歩数を少しずつ伸ばしながら行わせる。	・体を支えてうまく前転できるようになったら，回り終わったとき，バランスボールを持って立ち上がるなどレベルを上げる。

6 評価

・仲間と協力して，楽しく体つくりに取り組むことができたか。
・できない動きがあっても，また新しい動きなどにも，あきらめないで関心をもって積極的に取り組むことができたか。

〈佐竹　佳美〉

特別支援学級・中学校

現代的なリズムのダンスをしよう
～音楽に合わせて楽しく踊ろう～

1 ねらい

○リズムに合わせて踊る心地よさと楽しさを味わい，心身の解放を図る。
○仲間の動きと合わせることで一体感を感じたり，お互いのよさを認め合ったりする。
○学習したことを大勢の前で発表することを通して，緊張感や挑戦する勇気・主体的に取り組むことによる達成感を得る。

2 学習活動

(1) **いろいろなリズムに乗って体を動かす**
 ・ロックやサンバのリズムに合わせて，手拍子・足拍子を打つ。
 ・ロックやヒップホップのリズムに乗って，自由に弾んでみる。
 ・ロックの弾みやヒップホップの縦のりの動きを練習する。

(2) **音楽に合わせてリズムに乗る**
 ・手拍子・スキップ・揺れる・回る・片足跳び・両足跳び・歩く・走る・ねじる・蹴るなどの動きでリズムに乗る。
 ・リズムに乗って全身で自由に踊ってみる。

(3) **好きな歌手や曲目を選び，模倣して踊る**
 ・自分たちの踊りたい曲や踊りを決める（はやりの曲を取り入れてもよい）。
 ・DVDやテレビの録画などを見て，動きや踊りを確認する。
 ・模倣して踊る。
 ・難しい動きのところは，簡単な動きに変えて構成する。

(4) 覚えたダンスを発表する
  ・文化祭のステージでダンスを発表する。
  ・衣装や小道具などの工夫を考える。
  ・友達同士，励まし合って楽しく踊る。

3 指導上の留意点

○生徒の関心の高い曲目や軽快に弾むリズムの音楽を使い，踊り出したくなるような雰囲気をつくる。
○踊ることに抵抗のある生徒に対しては，手拍子や体の一部でリズムをとることから慣れさせる。
○導入時に心や体をほぐす活動を取り入れることで，体を動かすことの楽しさを体感させる。
○音楽に合わせてリズミカルに運動することで，動くことに自信を付けさせる。
○IT機器（DVD・テレビ・パソコン・ビデオなど）を取り入れることで，動きをイメージしやすくする。また，自分たちの動きをビデオ等で確認しながら学習を進めていくことで，友達のよさに気づいたり，自分の動きを反省したりしながら学習意欲を高めていく。
○友達と励まし合って練習や発表ができるよう支援する。
○テンポが速すぎて動きについていけないときや，動きが難しすぎて踊ることが困難なときは，やさしい動きに変えるようにする。

4 題材名「好きな曲の踊りをまねて踊ろう」

●ねらい
・自分たちの踊りたい曲目を話し合って決めることができる。
・ダンスの構成を教師と相談しながら考えることができる。
・うまく踊れている友達の動きをまねることができる。

- それぞれの特性と心身の発達状況に合った課題に取り組むことができる。
- 友達と動きを合わせ，リズムに乗って楽しく踊ることができる。
- 文化祭のステージで発表できる。

●指導計画（全8時間）

1　オリエンテーション（1時間）
・ダンスにはいろいろな種類があることを知る（フォークダンス・リズムダンス・創作ダンスなど）。 ・授業の流れを知る。

2　現代的なリズムダンスを踊る（2時間）
・ロックやヒップホップの音楽に合わせて自由に体を動かす。 ・教師の動きを手本にしながら，手拍子・足拍子・歩く・ねじる・揺れる・回る・スキップするなどの動きでリズムに乗る。 ・教師の動きを手本にしながら，ロックやヒップホップのリズムに乗って全身で自由に弾んで踊る。

3　模倣でダンスを踊る（4時間）
・それぞれの好きな曲目や踊りたいダンスを出し合い，自分たちの踊る曲目を話し合いで決める。 ・決定した曲と踊りをDVDで確認し，イメージや動きを知る。 ・DVDを見ながら踊り，振りを覚える。 ・自分たちの踊っている様子をビデオに録画し，振り返りの機会を設ける。

4　練習の成果を発表する（1時間）
・文化祭のステージで踊る。 ・衣装や小道具等を工夫し，一人一人が練習通り自分らしく踊り，表現する。

5 個別の指導計画

●生徒の実態

	Aさん	Bさん	Cさん
運動技能	・ルールの理解に個別支援が必要。 ・柔軟性はあるが、無理に体を介助すると固まってしまう。	・調整力、巧緻性に乏しい。	・巧緻性、柔軟性に乏しく、なめらかな動きができにくい。
運動への興味・関心	・体を動かすことは好きである。 ・特に、ダンスは興味がある。 ・苦手な種目にも一生懸命取り組もうとする。	・運動に対して苦手意識が強い。 ・特に、走ることは嫌いである。 ・ボール遊びは好きである。	・運動自体は好きではないが、ダンスにはとても興味があり、リーダーシップがとれる。
健康安全	・側弯症のため、正しい姿勢がとりにくい。	・少食で、偏食が多い。 ・危険なことに対しては、慎重である。	・体重を気にしている。 ・危険なことに対しては、慎重である。
学習状況	・技能教科はT2が付いて協力学級でも学んでいる。	・音楽のみ、協力学級で一緒に学習している。T2は付いていない。	・情緒的な問題で、協力学級には入れないため、すべて支援学級で学習している。

●学習展開（第6時）

ステージ発表に向けて，ダンスを完成させよう		
ねらい	Aさん	友達の踊りに合わせながら，楽しんで踊ることができる。
	Bさん	リズムに乗り，友達と動きを合わせて踊ることができる。
	Cさん	手本となるようリーダーシップを発揮する。リズムに乗り，体を弾ませて踊ることができる。

学習活動	個別の支援		
	Aさん	Bさん	Cさん
1 本時の学習の流れを知る。	・ホワイトボードを見て流れを知る。	・ホワイトボードを見て流れを知る。	・ホワイトボードを見て流れを知る。
2 ウォーミングアップをする。 ＜写真1＞	・柔軟体操 ・教師と一緒に数を数えながら，前跳び40回を2セットする。	・柔軟体操 ・前跳びを3分間，二重跳びを2分間跳ぶ。	・柔軟体操 ・前跳び，あや跳び，二重跳びを各2分間ずつ跳ぶ。
3 曲（「ヘビーローテーション」）に合わせて踊る。	・Cの動きを見ながら，手足の動きをまねて楽しく踊る。	・Cの動きと合わせながら，リズムに乗って踊る。	・掛け声をかけながら，リズムに乗り，弾んで踊る。
4 踊りをビデオカメラに撮影したものをテレビ画面で確認する。	・がんばって踊る自分の姿に気づく。 ・友達の動きのよいところを見つける。	・自分や友達の動きのよいところ，改善するとよいところに気づく。	・自分の動きの確認をする。 ・友達のよさを認め，改善点がわかり，発言できる。
5 三人の動きが合うよう踊り込む。 ＜写真2＞	・友達の動きと合わせて，振りを覚え込む。	・自信をもって踊れるよう振りを完全に覚える。	・友達を励ましながら，リーダーシップをとる。
6 反省・まとめ	・個人カードに評価を書く。	・個人カードに評価を書く。	・個人カードに評価を書く。

6 評価

・自分たちの動きを画面で確認し,改善点を見つけることができたか。
・友達の動きに合わせ,協力して踊ることができたか。
・リズムに乗って楽しく踊ることができたか。

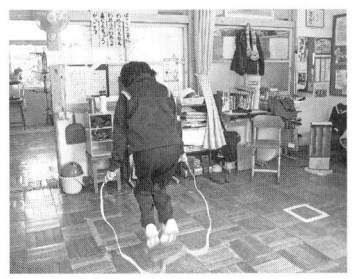

7 授業の様子

写真1　ウォーミングアップ　　写真2　動きを合わせて踊る

〈粟田　ひとみ〉

器械運動

特別支援学校・中学部

サーキット運動
~体のいろいろなところを動かそう~

1 ねらい

○いろいろな身体操作を経験し，柔軟性，調整力，平衡性などの身体技能を養う。
○安全に留意し，きまりを守って運動ができるようにさせる。

2 学習活動

(1) 歩いてみよう
　・平均台や二本ばしごをバランスを保ちながら歩く。
　・手と足を交互にバランスよく動かし，ろくぼくを登る。
(2) 飛び越えてみよう
　・カラーコーンバーなどに足が引っかからないように歩く。また，ジャンプや駆け足でも飛び越えてみる。
　・フープを使い片足，両足でケン・ケン・パーをする。
(3) くぐってみよう
　・トンネルを四つ這いで移動する。
　・つるした輪をバランスよく連続でくぐり抜ける。

3 指導上の留意点

○生徒がわかりやすいように，さらに，活動が連続でできるように場の設定を考える。
○各コーナーの活動の模範を教師が示し，生徒が自主的に取り組めるようにする。

○各コーナーに教師を配置し，安全の確保と支援が必要な生徒へ対応する。

4 題材名「サーキット運動」

●ねらい
・いろいろな運動を通して，様々な身体操作を経験する。
・いろいろな運動で，体のバランスを保ち，自分の体の感覚を感じる。
・様々な身体の動きを楽しむ。

●指導計画（全7時間）

1 バランスをとろう（1時間）
・二本ばしごを使って，前向き歩き，横歩き，後ろ向き歩きをしてバランスをとる。 ・平均台を使って，前向き歩き，横歩き，後ろ向き歩きをしてバランスをとる。
2 のぼってみよう（1時間）
・ろくぼくを使い，両手，両足をバランスよく動かして登る。 ・前時の活動と組み合わせて連続で行う。
3 飛び越えてみよう（1時間）
・ミニハードルやカラーコーンバーをまたいで歩く。駆け足でまたぐ。ジャンプをして飛び越える。 ・フープを使って，片足，両足でケン・ケン・パーをする。 ・前時までの活動と組み合わせて連続で行う。
4 くぐってみよう（1時間）
・四つ這い歩きでトンネルをくぐり，つるした輪を連続でくぐり抜ける。 ・前時までの活動と組み合わせて連続で行う。

5　サーキット運動をしよう（3時間）

・各コーナーを学年ごとローテーションで回って活動する。
・前時までの活動を連続で行う。
・音楽に合わせ，各コーナーを連続で回って活動する。

５ 個別の指導計画

●生徒の実態

	Aさん	Bさん
歩く 走る	・歩くのも，走るのもゆっくりマイペースである。 ・階段は手すりにつかまらないと交互に足を出して上れない。	・歩くことも，走ることも問題ない。
またぐ 跳ぶ	・膝下ぐらいの高さであれば，補助があればまたぐことができる。 ・ほとんど飛び跳ねることができない。	・またぐことに問題はない。 ・飛び跳ねることもできるし，トランポリンで飛び跳ねることもできるようになってきた。
柔軟性 バランス 感覚	・体がかたく，かがむことも容易ではない。 ・バランス感覚が悪く，平均台やはしごを渡るときには，補助が必要である。	・体はかたいが，体育の活動には支障がない。 ・片足でバランスをとることが難しく，平均台も横歩きになっている。 ・手足を同時に使う動きにぎこちなさがある。

▶学習展開 (第6時)

5 サーキット運動をしよう		
ねらい	Aさん	平均台や一本ばしごを,少ない補助で,一人で渡り切る。
	Bさん	ろくぼくで,手足を交互に使い,上り切る。

学習活動	個別の支援	
	Aさん	Bさん
1 本時の学習について知る。		
2 準備体操をする。	・目の前で体操の模範を示し,一緒にまねさせて体操させる。	・どのような体操動作か,声かけをする。
3 サーキット運動をする(三つのコースを10分単位で学年ごとローテーションして回る)。	・各コーナーの活動の仕方の模範を示し,まねさせて活動させる。	・指導者と一緒に説明を聞く。
①「歩いてみよう」 ・平均台,二本ばしご,ろくぼく	・恐怖心を軽減させるため,手を体に添える補助で,渡り切らせる。 ・ろくぼくで,脇の下に手を入れて補助し,登れるところまで登らせる。	・前向きで歩くように声かけし,手を握る補助で,渡り切らせる。 ・ろくぼくで,手の握る位置と足の置く位置を声をかけて一つ一つ示し交互に動かせる。
②「飛び越えてみよう」 ・ミニハードル,カラーコーンバー	・手を添えて,指導者と一緒にまたがせる。	・一人であわてずにまたがせる。
③「くぐってみよう」	・声かけをし,かがませてくぐらせる。	・トンネルをくぐり抜けるよう,声かけをする。

・トンネル，フープ 4　後片付けをする。 5　終わりのあいさつをする。	・指導者と一緒に片付ける。 ・あいさつする日直に注目して一緒にあいさつするように声かけをする。	・声をかけ一人で片付けさせる。 ・声をかけ，日直に注目させる。

6 評価

・いろいろな運動に意欲的に取り組むことができた。
・平均台や二本はしごを，少ない補助で渡り切ることができたか。
・様々な身体の動きができたか。

7 授業の様子

写真1　カラーコーンバーをまたぐ

写真2　ろくぼくを手足を交互に使い登る

〈早坂　幸一〉

特別支援学校・高等部

平均台の達人になろう
~平均台・跳び箱・マット運動~

1 ねらい

○自分で種目（平均台・跳び箱・マット運動）を選び，意欲的に運動に取り組むことができる。
○練習や発表の中で，友達のよい演技を認めることができる。
○安全に留意して，練習や発表，準備・片付けができる。

2 学習活動

(1) 平均台を点検し，準備をする。
(2) 準備運動をする（高等部体操・柔軟体操・ストレッチ運動）。
(3) 自分が活動する平均台を選ぶ。
(4) 練習する技を選び練習する。
 ・体操系（歩走・跳躍）
 ・バランス系（ポーズ・ターン）
(5) できた技の中から発表する技を選び練習する。
(6) 自分や友達の技を評価する。
(7) できた技や連続技を発表する。
(8) 協力して片付けを行う。

3 指導上の留意点

○はじめの時間に各種目の体験を行い，平均台運動，マット運動，跳び箱運動の中から選べるようにした。
○4種類の高さの平均台（床にラインテープを張った平均台も含

む）を自分で選べるようにした。また，部分練習に集中してできる特設コーナーを設けた。
○技のポイントやきれいに表現できるポイントを視覚的表示し，確認できるようにした。
○iPad等のタブレット端末で試技の様子を撮影し，映像を見て自己評価・課題設定・修正ができるようにした。
○恐怖感を軽減させるために，平均台補助カバーを作成した。
○発表に向けて，練習した中からできる技で組み立てられるようにワークシートを作成し活用した。
○学習のまとめとして最後の時間に各種目（平均台運動，マット運動，跳び箱運動）の発表会を行い，評価し合い，お互いが認め合えるようにした。

❹ 題材名「平均台の達人になろう」

▶ねらい
・技のポイントや注意点を意識して練習ができる。
・意欲的にいろいろな技に挑戦し，できた技を組み立て発表ができる。
・自他の試技について評価ができる。

▶指導計画（全10時間）

1　オリエンテーション・いろいろな器械運動を体験しよう（2時間）
①学年ごとに3種類の器械運動を体験し選択をする。 　・平均台　　・跳び箱　　・マット運動 ②選択した種目の会場に移動し説明を受ける。 ③自分に合った平均台を選び，基本技を通して平均台に慣れる。
2　いろいろな技をマスターしよう（2時間）
①体操系（歩走・跳躍）の技に挑戦する。 　【歩走】　・前後歩行　　・横歩行　　・ステップ 　【跳躍】　・台上へ飛び上がる　　・台上で跳躍　　・台上から跳び下りる

②バランス系（ポーズ・ターン）
　【ポーズ】・台上でのポーズ・フィニッシュポーズ
　【ターン】・基礎ターン・ジャンプターン
③ワークシートにできた技を記入し，次時の課題を確認する。

3　苦手な技を集中的に練習しよう（2時間）

①苦手な技を集中的に練習する。
②iPadで試技を撮影し，映像を見て修正箇所を確認する。
③修正箇所を部分練習特設コーナーで練習をする。
④ワークシートにできた技を記入し，次時の課題を確認する。

4　発表会に向けて技をみがこう！（2時間）

①できた技を組み合わせ，発表の構成を考える。
②発表の構成で練習する。スムーズでないときには，再構成を行う。
③次時の発表に向けてリハーサルを行う。

5　練習の成果を発表しよう（2時間）

①練習の成果を発表する。
　・練習でがんばったところ，演技のポイントを発表する。
　・演技を行う。
②友達の演技を見て感想を発表する。

5　個別の指導計画

●生徒の実態

	Aさん	Bさん
運動機能	・体がかたく，関節の可動域が狭い。そのためバランスがとりにくい。 ・ボディーイメージがとりにくい。	・高いところが苦手である。 ・筋力が弱く疲れやすい。 ・視力が悪く眼鏡を使用している。
学習状況	・真面目な性格で，何事も意欲的に取り組むことができ	・目立ちたがり屋で，体操やダンスなど意欲的に取り組

	る。 ・できないことやわからないことは、教員に聞いて改善を図ることができる。	むことができる。 ・自分の意にそぐわないと、活動が止まることがある。

▶学習の展開（第5・6時）

3 苦手な技を集中的に練習しよう（2時間）			
ねらい	Aさん	・視点や姿勢に注意して平均台ができる。 ・自分の演技の映像を見て、技の修正ができる。	
	Bさん	・友達と協力したり、補助具を使用して、一段高い平均台に挑戦したりすることができる。	

学習活動	個別の支援	
	Aさん	Bさん
1 本時の内容の説明を聞く。 2 準備運動をする。 ・高等部体操 ・ストレッチ 3 苦手な技を練習する。 ・集中的に練習したいときは、特設コーナーで練習する。	・本時の内容が書かれた一覧表を見て見通しをもつ。 ・十分な準備運動ができるように、体の動かし方の見本を見せたり、体に直接触れたりする。 ・目のマーク（写真1）を見て目線や姿勢を意識できるようにする（写真2）。 ・iPadで苦手な技を撮影し、映像を見て課題を確認し、修正できるようにする（写真3、4）。 ・ジャンプターンを特設コーナーで練習する（写真5）。	・本時の内容が書かれた一覧表を見て見通しをもつ。 ・ストレッチでは体がやわらかいことを生かし、みんなの前で見本を見せ、意欲をもたせる。 ・平均台に補助カバーをかぶせることで、怖さを軽減させる（写真6、7）。 ・補助棒（写真8）を使い平均台の高さになれる（写真9）。

平均台の達人になろう 71

| 4 次時の課題を確認する。 | ・ワークシートにできた技と自信度（○△×）を記入し，次時の発表構成を決定する際の参考にできるようにまとめる。 | ・ワークシートにできた技と自信度（○△×）を記入し，次時の発表構成を決定する際の参考にできるようにまとめる。 |

6 評価

・苦手な技を意欲的に練習できたか。
・技のポイントや注意点を意識して練習ができたか。
・技の自己評価をし，次時の課題を確認することができたか。

7 授業の様子

写真1　目線のマーク

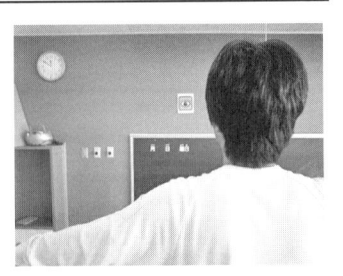

写真2　目線・姿勢を意識する

写真3　iPadで苦手な技を撮影する

写真4　映像を見て課題を確認し，修正する

写真5　特設コーナーで集中練習

写真6　平均台の幅を広くする補助カバー

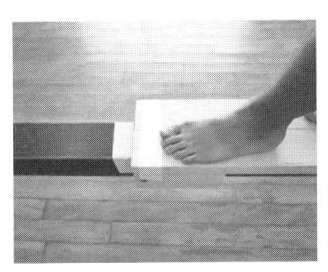

写真7　幅が広くなったことで怖さが軽減できる

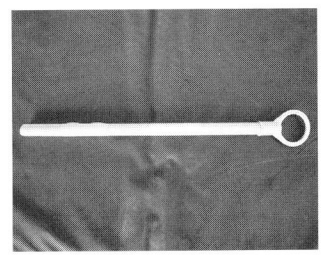

写真8　補助棒

写真9　補助棒を使った練習

〈堀口　哲〉

平均台の達人になろう　73

> 特別支援学級・小学校

ザ・運動あそび名人
～いろいろな器具や用具を使って運動遊びをしよう～

1 ねらい

○きまりを守って，いろいろな器具や用具を使った動きに楽しく取り組むことができる。
○体の柔軟性を高め，バランス感覚，回転感覚などの動きの基礎となる感覚や，基本的な動きを身に付ける。
○教師や友達と一緒に取り組んだり，自分の力に合った場を選んで遊んだりするなかで，運動遊びを広げることができる。

2 学習活動

(1) ろくぼくを使った運動遊び
 ・ろくぼくを使って，登ったり降りたり，横つたいに歩いたりする。慣れてきたら，逆さまになったり，ぶら下がったりなど楽しく活動する。
 ・ろくぼくに貼り付けた番号カードや矢印の方向に移動したり，絵で示された運動を模倣したりする。

(2) 平均台を使った運動遊び
 ・積み木や高さの違う平均台を使って，上でいろいろなポーズをとったり，渡り歩きや飛び降りをしたりなど楽しく活動する。
 ・提示された指示カードや場の設定に合わせて，落ちないように平均台を渡る。

(3) マットを使った運動遊び
 ・「はう」運動を基本にしながら，運動の姿勢や方向を変えた

74　器械運動

り，「くまさん歩き」や「しゃくとりむし」などの動物の動きを行ったりして楽しく活動する。
- いろいろな「転がり遊び」を工夫して行い，回転感覚・方向感覚を身に付ける。

(4) サーキット遊びに挑戦
- ろくほくコーナー，二つのマットコーナー（動物コーナー，くるくるコーナー），平均台コーナーの四つのコーナーを設け，順路に沿って，自分の能力に応じて楽しく運動遊びをする。
- 交流学級児童との共同学習を行い，きまりを守り，集団の流れに沿って楽しく活動する。

3 指導上の留意点

○運動（遊び）を楽しいと感じるようにやさしい動きから始め，運動の場を工夫し，運動の姿勢，方向，回数など変化をつけながら多様な動きを体験できるようにする。

○「はじまりの号令→準備運動（体ほぐし）→器具での運動遊び→後片付け→終わりの号令」のパターンを繰り返すことで，1時間の授業の流れがわかり，見通しをもって活動できるようにする。

○指導者が見本を見せることや動きをイラストで提示することで，動きのイメージをもてるようにする。

○注意がそれやすい児童には，手をつないだり，横で言葉かけをしたりして，意欲を高める。また，「がんばりカード」にシールを貼り，「名人メダル」を渡して目に見える形で評価していく。

○手や足を置く場所に手形や足型を置いたり，進む方向がわかるように矢印やテープラインを引いて提示したりすることで，視覚的にわかりやすくする。

○最後に交流学級児童と共に運動する場面を設定し，きまりや順番を守り，集団の流れに沿って楽しく学習する経験をする。

④ 題材名「マットでいろんな動きをやってみよう」

▶ねらい
・きまりを守って，楽しくマットを使った運動遊びができる。
・両腕で体重を支え，重心の移動する感覚や両手・両足でつっぱる感覚を身に付けることができる。
・いろいろな回転あそびを通して，回転感覚や方向感覚を身に付けることができる。

▶指導計画（全6時間）

1　段ボールキャタピラで遊ぼう（1時間）
・段ボールキャタピラを使って，コースの中を進んだり競走をしたりして遊ぶ。
2　ハイハイしていこう（1時間）
・速さや距離を変えてマットの上を這いながら進む。 ・コースの設定に合わせて（登る，下る，くぐる等），這いながら進んだり，ゲームをしたりして遊ぶ。
3　動物あそびをしよう（1時間）
・「くまさん歩き」や「しゃくとり虫」などの動物あそびを行う。 ・イラストから選んだり，自分がイメージしたりした動物の動きを考え，設定されたコースで遊ぶ。
4　いろいろな「くるくるあそび」に挑戦しよう（1時間）
・背中や腹などをつけていろいろな方向へ転がる。 ・二人で横回りをしたり，両膝を抱えて回ったりなど，いろいろな「くるくるあそび」を行う。
6　サーキットで遊ぼう（2時間）
・矢印に示された順路に沿って，四つのコーナーで運動遊びを行う。 ・交流学級児童と一緒にルールや順番を守りながら楽しくサーキットで遊ぶ。

5 個別の指導計画

●児童の実態

	Aさん	Bさん
遊びや運動への関心・態度	・砂遊びなどの一人遊びを好み，進んで体を動かすことは少ない。 ・高さやスピードに対して恐怖心があり，遊具での遊びは好まない。	・体を動かすことが好きで，ブランコやトランポリンなどの感覚遊びを好む。 ・まっすぐ走ったり，バランスよく体を動かしたりすることは苦手。
マット運動の技能	・前転はできるが，回転速度が遅く，立つことはできない。	・転がったり回ったりすることは好きだが，まっすぐ回ることはできない。
社会性行動特性	・簡単な質問や指示はほぼ理解することができる。 ・初めてのことには抵抗感があり，失敗したことはなかなかしようとしない。	・一方的に質問したり，話したりすることが多い。 ・衝動的な行動が多く，並んだり順番を守ったりすることが難しい。
学習状況	・見通しがもてれば進んで学習に向かうことができる。 ・示範やイラストを見ることで模倣することができる。	・教師の励ましや賞賛の言葉かけで活動に気持ちを向けることができる。 ・対面した状態で示範を見ることで模倣しようとすることができる。

●学習展開（第4時）

4	「くるくるあそび」に挑戦		
ねらい	Aさん	・速さや方向を変えていろいろな回り方ができる。 ・きまりを守って楽しく運動遊びができる。	

ザ・運動あそび名人 77

| い | Bさん | ・いろいろな回り方でまっすぐ回ることができる。
・指示されたことを理解して楽しく運動遊びができる。 ||

学習活動	個別の支援	
	Aさん	Bさん
1　本時の学習内容を知る。 　(1)あいさつをする。 　(2)学習内容を知る。	・カードを見て学習の流れを知る。 ・「がんばりカード」を提示してめあてを知らせる。	・カードを見て学習の流れを知る。 ・「がんばりカード」を提示してめあてを知らせる。
2　準備運動をする。	・正しい動きができたときは称賛する。	・正しい動きになるように様子を見ながら補助をする。
3　場の設定に合わせた回り方を知り挑戦する。 　・横まわりコーナー 　・坂道コーナー 　・二人でコーナー 　・前回りコーナー	・ゆっくり回ることから始め、少しずつ速く回れるように励ます。 ・必要に応じて手型や足型を使い、手や足の位置を確認させる。 ・各コーナーで評価してカードにシールを貼る。	・カラーマットやコーンを使い、待つ場所を設定する。 ・まっすぐ回れるよう補助しながら、方向や姿勢に注意できるようにする。 ・各コーナーで評価してカードにシールを貼る。
4　コースに沿って各コーナーを回り、いろいろな回り方をする。	・順番がわかるように矢印を確認させる。 ・イラストを見て挑戦する回り方を決めさせる。 ・できたことを褒め、シール（大）を貼る。	・はじめは一緒に活動し少しずつ一人でできることを増やしていく。 ・まっすぐ回れたときには賞賛の声かけをする。 ・できたことを褒め、シール（大）を貼る。
5　学習のまとめをする。	・カードのシールを褒め、名人メダルを渡す。	・カードのシールを褒め、名人メダルを渡す。

6 評価

・きまりを守り楽しく運動遊びができたか。
・いろいろな回り方に挑戦できたか。

7 授業の様子

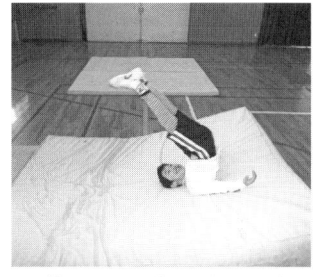

坂道コーナー（まるくなって）

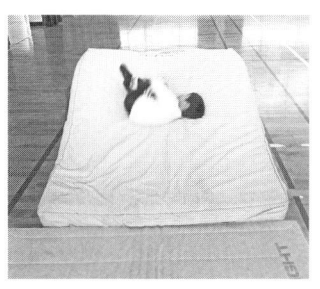

後ろ向きに

二人でコーナー
（手をつないで横回り）

〈清水　直樹〉

特別支援学級・中学校

様々な動きを組み合わせて一連の動きに
～跳び箱運動の取組を通して～

1 ねらい

○楽しみながら体を動かし，様々な運動の基礎となる動きや感覚を身に付ける。

○走る・跳ぶなどの運動を組み合わせ，複数の運動要素を一連の流れの中で連続して行うことができる。

○学習内容を理解し，ルールを守って安全に楽しみながら学習に取り組むことができる。

2 学習活動

(1) **リズムよく走る**
   - 一定の歩幅やスキップなどのリズム感のある動き，また，リズムに変化を加えた動きを身に付ける。
   - ラダー（はしご）を用いて，巧緻性や敏捷性を養う。

(2) **跳び箱運動に必要な踏切りの感覚を養う**
   - 縄跳びやミニハードルを使って，両足や片足で跳ぶ動きを身に付ける。

(3) **自分の体を腕で支える**
   - 腕立てや手押し車の運動を通して，自らの身体を腕で支える。
   - 腕支持を中心としたマット運動により，筋力や様々な身体の動きを身に付ける。

(4) **走る・跳ぶ等を組み合わせ，連続した動きを身に付ける**
   - 踏切板のみを用いて，「助走」と「踏切り」の連続した動きの感覚を養う。

- 助走から踏み切り，跳び箱に「腕立てまたぎ乗り」「腕立て跳び乗り」など，段階的に運動を追加し，開脚跳びの前段階としての動きを身に付ける。

(5) 開脚跳び
- 「助走，踏み切り，腕立て，送り出し，跳び下り」の運動を一連の流れにまとめる。

③ 指導上の留意点

○ 安全面を意識させ，周囲の状況を見るとともに，順番や合図などのルールを守って活動させる。
○ 毎回の授業の1単位時間の中では，前半部分では前時の復習や全員が取り組める基本練習，比較的容易な課題を設定し，動きの確認や学習に対しての興味や関心を高める。
○ 学習においては，ゆっくり一つ一つの動きを確かめながら行い，次第にスピードを高めていく（力の加減がわからず，勢い余ってうまくいかない場合は，けがにつながることもある）。
○ 跳び箱運動に必要な動きを分解して練習し，生徒の具体的な課題をつかむようにする。また，個々の生徒の課題に合わせ，学習目標を適切に設定する。
○ 必要に応じてスタート位置や踏み切り位置，着手位置等にラインや目印を付け，動きの修正やうまくいくためのポイントを意識させるようにする。

④ 題材名「様々な動きを合わせて一連の動きに」

●ねらい
- 一定の歩幅やリズムに合わせて走ることができる。
- ミニハードルやラダーのマス目に合わせ，決められたステップを正確に踏むことができる。

- 「助走」と「踏み切り」を連続してできる。
- 開脚跳びに向けて,「助走,踏み切り,腕立て,送り出し,跳び乗り,下り等」段階的に動きを追加し,一連の運動をまとめることができる。

●指導計画（全10時間）

1　リズムよく走る
・スキップやギャロップ等でリズムよく走る ・ラダーのマス目に合わせ,ケン・パーやグー・パー等の決められたステップを踏む。
2　両足踏み切りの感覚を養う
・縄跳び（両足その場跳び,片足跳び,走り跳び） ・ミニハードルを使って,両足や片足で跳ぶ動きを身に付ける。 ・ミニハードル間の距離やリズムを変え,制限に対応する体の動きを身に付ける。
3　自分の体を腕で支える
・腕立てや手押し車の運動を通して,自らの体を腕で支える。 ・うさぎ跳び（手足を交互に使い,跳ねる動き）や腕で体を支持しながら両足を跳ね上げ足を拍子打つ等,マット運動の要素を取り入れた動きを身に付ける。
4　走る・跳ぶ等の連続した動きを身に付ける
・踏み切り板のみを用いて,「助走」と「踏み切り」の連続した動きを身に付ける。 ・助走から踏み切り,「またぎ乗り」「跳び乗り」を行う。
5　開脚跳び
・「助走,踏み切り,腕立て,送り出し,跳び下り等」段階的に動きを追加し,開脚跳びに向けた一連の運動をまとめる。
6　演技発表会（1時間）
・スタート,評価,記録等の役割を分担し,演技発表会を行う。 ・演技に対し,互いに評価・感想を伝え,認め合う。

5 個別の指導計画

●生徒の実態

	Aさん	Bさん	Cさん
指示理解	・一般的な日常会話ができ，指示に対し的確に行動できる。 ・わからない点については，自分から質問することができる。	・簡単な指示に対して，周囲を見て行動することができる。 ・わからないことがあってもそのままにすることがある。	・簡単な内容であれば，指示を理解することができる。 ・写真や動作等を併用した説明で概ね内容が理解できる。
運動面技能	・体力があり，初めての課題でも，練習を重ねることで比較的早く技術を身に付ける。	・体力や持久力はあるが，細かな動きは苦手で，技術の習得には多くの経験が必要である。	・体が大きく，運動に対し苦手意識をもつ。 ・柔軟性はあるが，俊敏な動きには課題がある。
社会性	・対人関係に積極的で，周囲の生徒をまとめようとする。 ・用具の準備など進んで行う。	・コミュニケーションに課題があり，仲間とのかかわりは受身になることが多い。	・言葉数は少ないが，だれにでも親切に接し，細かなことにも気を配ることができる。
学習状況	・跳び箱は6〜8段に挑戦している。学習には積極的に参加できる。	・跳び箱は6段に挑戦している。踏み切りが安定せず，失敗することも多い。	・恐怖心が強く，助走のスピードが高まらず，跳び箱は4段でまたぎ乗り段階。

様々な動きを組み合わせて一連の動きに

●学習展開 (第7時)

4 走る・跳ぶ等の連続した動きを身に付ける		
ねらい	Aさん	適切な距離の助走から跳び箱の高さに応じた踏み切りにより，きれいな開脚跳びができる
	Bさん	助走と踏み切り位置を合わせ，タイミングよく跳躍できる。「またぎ乗り」「跳び乗り」ができる。
	Cさん	助走と踏み切り位置を合わせ，タイミングよい跳躍と「またぎ乗り」ができる。

学習活動	個別の支援		
	Aさん	Bさん	Cさん
1 学習の流れと個々の目標を知る。	・学習カードに書かれた本時の学習内容と自己の課題を確認する。	・教師と一緒に学習カードに書かれた本時流れと課題を確認する。	・本時の流れと前時のビデオを見て，ポイントとなる点を確認する。
2 準備運動を行う。 ・準備体操 ・スキップ走等 ・ラダー(各種) ・ミニハードル	・全体の集団の活動をリードする。 ・合図やかけ声に合わせリズミカルに早く正確に行う。	・周囲の動きを見て自主的に取り組む。 ・教師の後につき，動きを確かめながら丁寧に行う。	・リーダーの指示に合わせ活動する。 ・同じ課題をもつ生徒とペアになり活動を進める。
3 助走と踏み切りの連続した動きを確かめる。	・スタート位置を固定し，歩数を一定にし踏み切りを安定させる。	・踏み切り板に付けた目印に合わせて両足で踏み切る。	・踏み切り位置を安定させるため，スタート位置を調整する。
4 開脚跳びに向けた個別課題をグループ	・跳び箱の高さに応じた助走距離と踏み切りの強	・踏み切り板の目印に合わせ跳躍し，腕立て「跳	・跳び箱上の目印に着手し，腕立て「馬乗り」を

84　器械運動

| 別に行う。
5　めあてを振り返る。 | さを調整する。
・学習カードに本時の記録を記入する。 | び上がり」をする。
・教師と一緒に本時と前時の記録を比べる。 | する。
・本時と前時のビデオを比較する。 |

6 評価

・「助走」と「踏み切り」をタイミングよく連続してできたか。
・開脚跳びに向けて、「助走・踏み切り・腕の支持・跳び上がり、下り等」一連の運動をスムーズに行うことができたか。
・ルールを守って、安全に楽しく参加できたか。

7 授業の様子

〈岩瀬　敏郎〉

ゲーム, 球技

特別支援学校・中学部

サッカーゲーム
～実態に合わせたルールの工夫～

1 ねらい

○ ボールを蹴ったり，ドリブルしたり，ゴールに向かってシュートしたりすることができる。
○ ゲームのやり方やルールを理解して活動することができる。

2 学習活動

　本校中学部の体育では，理解力・運動能力別にA・B・Cの3グループに分けて取り組んでいる。学年別ではなく，グループに分けることで，生徒に合った方法で筋力，持久力を高めることができる。しかし，グループの中でも実態に幅はあるため，サッカーでは，A，Bグループが三つずつ，Cグループが一つの合計7グループに分かれて，ルールを工夫することで，それぞれの実態に合った授業を行っている。今回，Aグループの中でも基本的な技能をもち，ゲームのルールを理解して取り組めるグループについて紹介する。

(1) **ボール慣れ（Aグループ全体）**
・ボールの上に足を交互に乗せる。
・両足の内側を使って，左右に転がす。
・足の裏を使ってボールを転がす。
・一人一つボールを持ち，待ち時間がないようにする。

(2) **ドリブルを覚える（Aグループ全体）**
・ラインからラインまでドリブルをする。
・約20m間隔のラインまで行ったら足で止める。

- ラインにコーンを置き，どこまで走るのかがわかるようにする。
(3) **パスを覚える（グループ別）**
- グループで二人組をつくり，足の内側（サイドキック）で蹴って友達にパスを出す。
- 友達の名前を呼んでからパスをすることを伝え，だれにパスをするのかがわかるようにする。
(4) **ドリブルシュート練習（グループ別）**
- ドリブルをして，シュートラインまで来たらシュートする。
- シュートラインより手前でシュートしたときはやり直しをする。
(5) **パスシュート練習（グループ別）**
- 二人組になり，ゴールに向かってパスをしながら走る。
- はじめはパスをもらう位置の目印として，コーンを置いておく。
- コーンの数を徐々に減らしていく。
(6) **ミニゲーム（グループ別）**
- パスをつなぐ（蹴ったら走る）。
- シュートラインまで行ったらシュートできる。
- シュートラインをつくり，シュートをする場所を確認する。
- 繰り返しゲームができるように，1試合の時間を短くする。
- 自分が攻撃するゴールがわかるように，チームカラーと同じ色の目印をゴールに付ける。

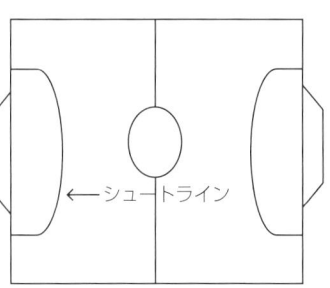

サッカーゲーム 89

③ 指導上の留意点

○ コートが大きくとれないため、4〜5人のチームを3チームつくり、ゲームがないときはボール拾いを行う。
○ パスをつなげてシュートができたら得点になる。シュートラインより手前でシュートした場合や、パスをしないで、ドリブルで突破した場合は得点としてカウントしない。
○ 相手を意識するため、名前を呼んでからパスをする。いろいろな友達と楽しむためにチームは固定しない。

④ 題材名「サッカーゲームをしよう」

●ねらい

・「パスを出したら走る」「パスをもらうために走る」というルールがわかる。
・ドリブルやパス、シュートの技能を身に付ける。
・攻める方向、守るゴールを理解してゲームに参加できる。

●指導計画（全9時間）

1　ボール慣れ、ドリブル練習、実態調べを兼ねた基本練習（2時間）
・毎時間、準備運動の一つとして、一人1個のボールを持ち、笛の合図で全員が同じ活動を行う。 ・「パスはできるか」「ドリブルはできるか」「サイドキックができるか」などのグループ分けのための実態を調べる。
2　パス・シュート練習（3時間）
・Aグループ全体でボール慣れ、ドリブル練習を行ったあと、グループに分かれる。 ・二人組になり、相手の名前を呼びながらその場でパスをする。 ・シュートラインまで「パスをしたら走る」を繰り返してシュートする。

3　ミニゲーム（4時間）
・毎時間1，2を行ったあとゲームを行う。 ・ビブスを3セット用意しておき，パス・シュート練習が終わった人から好きな色のビブスを着る。 ・チームごとに分かれて座り，ルールの確認をする。 ・ミニゲームを行う。

5 個別の指導計画

●生徒の実態

	Mさん
技　能	・走ることは得意であるが，体力がなく疲れやすい。 ・ドリブルもパスも上手にできる。 ・ゲームになると，パスを忘れて大きく蹴ることが多い。
意欲・態度	・サッカーは好きで，意欲はある。 ・集中力が続かず，すぐに飽きる。
知識，思考・判断	・興奮すると気持ちが抑えられず，わかっていてもボールを持つと自分が向いている方向にシュートしたり，友達にパスをせずにシュートしたりすることがある。
学習状況	・自分がシュートしたい気持ちが強く大きく蹴ることが多いので，ルールや役割を覚えてゲームができるようになってほしい。

●学習展開（第8時）

3　ミニゲームをしよう	
ねらい	Mさん	・意欲を持続してゲームに参加することができる。 ・自分のチームがどちらに攻撃するのかがわかる。 ・自分がボールを持ったとき，友達にパスを出すことができる。

学習活動	個別の支援
	Mさん
1 準備運動，ボール慣れ，ドリブル練習	・一人一つボールを持ち，待ち時間がないようにする。 ・活動に飽きないように，一つ一つの動きを短くする。 ・上手にできたら褒める。
2 パス・シュート練習	・一緒にパスをする友達の名前を確認する。 ・パスを出す，パスをもらう場所がわかるように目印にコーンを置く（コーンは徐々に減らす）。 ・シュートラインをつくり，シュートをする場所を確認する。 ・上手にできたら褒める。
3 チーム分け・ルールの確認	・自分が攻撃するゴールがわかるように，チームカラーと同じ色の目印をゴールに付ける。 ・パスをしないでシュートしたときは得点にならないことを伝える。
4 ゲーム	・繰り返しゲームができるように，1試合の時間を短くする。 ・次にもう一度ゲームがあることを伝え，励みにする。 ・パスを出すことができたときは褒める。
5 振り返り，反省	・よい動きがわかるように，上手なプレーをした友達の動きを紹介する。 ・再度，ルールの確認をする。

6 評価

●生徒の変容

・友達を意識することで，名前を呼んでのパスができるようになった。
・パスをしたら走ったり，走ってパスをもらったりすることができるようになった。
・ゴールにチームカラーと同じ色の目印をゴールに付けることで，間違いがなくシュートできるようになった。

●学習内容の評価
・動きながらのパスや名前を呼び合いながらのパス練習をしたことで，パスをする意識を高めることができた。
・「パスをつないでからのシュートで得点になる」というルールのみでゲームを行ったため，ルールを理解して活動に取り組めた。

7 授業の様子

パスの意識が低く，必死にボールを追いかけていた

パスをもらうために「蹴ったら走る」ことができるようになった

〈奥山　保子〉

特別支援学校・高等部

バスケットボールをしよう
～人とのかかわりを楽しむ～

1 ねらい

○集団スポーツの特性を知り，チームで協力して練習や試合をする楽しさを味わう。
○パスやドリブル，シュートなどの基本的技術を習得し，試合で実践する。
○簡単なルールを理解して試合を行う。

2 学習活動

(1) 友達と協力して簡単なゲームを行う
   ・親しみのあるわかりやすい活動として，しっぽ取りゲームを行い，個人で行ったり，色付きのビブスを着てチーム分けをして行ったりする。
   ・チーム分けをして，ボール運びのゲームを行う。
(2) パス，ドリブル，シュートなどの基本的技術の練習をする
   ・パスやドリブル，シュートなどの練習で，ゲーム的な内容を取り入れ，協力して取り組んだり競争したりする。
(3) バスケットボールの試合を行う
   ・色付きのビブスを付けて味方と敵がわかるようにする。
   ・メンバーを替えたり，時間の設定を変えたりすることで意欲をもたせる。

③ 指導上の留意点

○道具の正しい使い方を伝え,けがのないように安全に留意する。
○ゲーム的な要素を入れ,友達と協力したり競争したりする機会を設定する。
○練習の中に簡単なルールを理解できるようなメニューを取り入れる。
○細かな動きは,近くで見本を示すようにする。
○いいプレーを見つけ,その都度賞賛し,全体の雰囲気を盛り上げる。

④ 題材名「基本的技術を身に付けよう」

●ねらい
・基本的なボールの扱いを身に付ける。
・トラベリングなどの簡単なルールを理解する。
・ボールに対する恐怖心をなくす。
・技術を習得し試合で生かす。

●指導計画（全12時間）

1 ボールに慣れよう（2時間）
・チームをつくり,協力してボール運びゲームをする。 ・ボールハンドリングを行い,様々なボールの扱いに慣れる。
2 パスをしよう（2時間）
・対面でパスを行い,相手の取りやすい所へ投げたり,手を広げて待ってボールをキャッチしたりする。 ・五角形でパスを行い,パスを出したら走って次に移動する。 ・二人でパスをしながら走って,チームで競争する。

3 ドリブルをしよう（2時間）
・コーンを避けながらジグザグドリブルの競争をする。
・決められた範囲の中で友達にぶつからないようにドリブルする。
4 シュートをしよう（4時間）
・ドリブルで進み，少し離れた所のボールかごに投げ込む。
・決まった場所からゴールへシュートする。
・ドリブルシュートをする。
5 リバウンドを取ろう（2時間）
・相手と競ってこぼれ球を取り，シュートしたりパスしたりする。

5 個別の指導計画

●生徒の実態

	Aさん	Bさん
技　能	・止まった状態での基本的な技術はある程度習得できている。 ・そのときに合った状況判断は難しい。 ・味方とのパス交換は難しい。	・基本的な技術は習得しており，細かなことも練習すればできるようになる。 ・周囲の状況を見ながらプレーしようとする。 ・味方の動きを見ようとする。
態　度	・自己中心的なところもあるが，ルールやマナーを伝えると守ろうとする。	・ルールやマナーを知ると守れる。 ・与えられた役割は，責任をもって取り組もうとする。
知識・ 思考・判断	・教師の言葉かけがあれば，練習を応用してゲームで生かそうとする。技術などの名称は覚えられる。	・教師の説明を聞いて，練習の意図などがわかって取り組むことができる。

学習状況	・練習やゲームでは楽しみながら取り組んだ。 ・正しくステップを踏んで，ドリブルシュートをした。	・正しくステップを踏んで，ドリブルシュートをした。 ・味方の位置を見てパスを出せるようになった。

▶学習展開 （第10時）

4 シュートをしよう		
ねらい	Aさん	フープを意識して正しくステップを踏んで，ドリブルシュートをする。
	Bさん	正しくステップを踏んでドリブルシュートをしたり，狙ったところにボールを投げてシュートを入れたりする。

学習活動	個別の支援	
	Aさん	Bさん
1 ボールを投げよう。	・ボールの持ち方の見本を示す。	・遠くに投げるときの体の使い方，腕の使い方の見本を示す。
2 シュートゲームをしよう。	・シュートのフォームの見本を示す。 ・シュートが入りやすいようにはじめはボールかごを使う。 ・シュートを打つ場所を示しておく。	・シュートのフォームの見本を示す。 ・徐々にゴールの種類，高さを変えていく。
3 ステップを踏もう。	・事前に見本を示す。 ・踏む場所がわかりやすいように，フープの色を変える。 ・トラベリングの反則を実際に見せて伝える。	・スムーズにステップが踏めるようにリズムを伝える。 ・トラベリングの反則を実際に見せて伝える。

バスケットボールをしよう 97

| 4 ドリブルシュートをしよう | ・ステップ用のフープの先に，ジャンプする位置を意識できるように低ハードルを置く。 | ・投げて狙う場所がわかるように，ボードに印を付けておく。 |

6 評価

・正しいフォームでシュートしているか。
・正しいステップが踏め，ドリブルシュートの動きがスムーズか。また，トラベリングの反則も意識できるか。
・ボードに貼ったポイントを狙って投げているか。

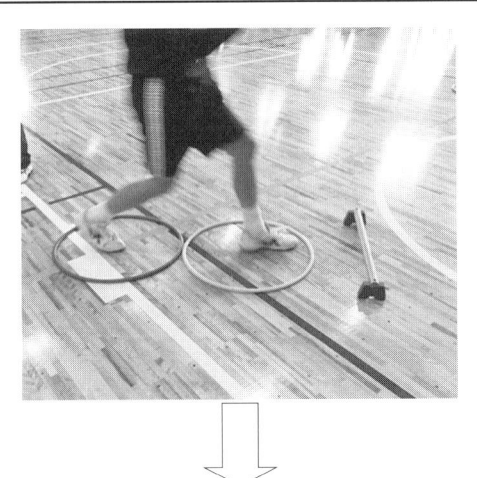

7 授業の様子

ドリブルシュート時に使った
フープと低ハードル

〈伊藤　直也〉

特別支援学級・小学校

キックベースボールをしよう
~ルールを理解してゲームを楽しもう~

1 ねらい

○ピッチャーが転がしたボールにタイミングを合わせて,ボールを蹴ることができる。
○転がってきた,または飛んできたボールをキャッチし,パスをするか,ランナーにタッチまたは,三角コーンにタッチしてアウトにすることができる。
○ノーバウンドでキャッチされたとき,ランナーだった場合,守備側だった場合の動き方を理解して対応することができる。
○「いくよ」「いいよ」のコミュニケーションがとれる。

2 学習活動

(1) **ボールに慣れる**
　・攻撃側として,まず,止まっているボールを蹴る練習をする。次に,転がってきたボールを蹴る練習をする。
　・守備側として,友達が投げたボールをキャッチする練習をする。
　　次に,友達が蹴ったボールを蹴る練習をする。

(2) **ルールを理解する**
　・攻撃側として,まず,蹴ったら1塁に走る練習をする。次に,1塁に残り,友達が蹴ったら2塁に進むことを練習する。さらに,友達が蹴ったらホームに進むことを練習する。
　・守備側として,ピッチャーとして,ボールを転がす練習をする。他の守備位置の人は,キャッチしたら,どこにボールを

持って行けばよいかの練習をする。
(3) ゲームをしながら理解を深める
・紅白に分かれてゲームを行う。実際にゲームをするなかで課題が見つかった点については，その場面を教師が見本を見せ，再現して理解につなげる。

3 指導上の留意点

○ 1塁，2塁，ホームという三角ベース型にする。ベースは，三角コーンを用いる。
○ ぶつけてアウトにするのではなく，ランナーまたは三角コーンにボールをタッチしてアウトとする。
○ ランナーになったときは，必ず三角コーンの頂点を触って待つことをルールとする。
○ スリーアウトを取るのに時間がかかってしまう場合もあるので，ツーアウトを取ってから交替するルールでゲームを進める。
○ どんなに遠くにボールが飛んだとしても，進塁は一つにする。
○ 低学年や転がってきたボールを蹴るのが難しい児童は，止まったボールを蹴ることにする。
○ 攻撃側のとき，その都度名前を呼ばれてからキックボックスに行くのではなく，主体的に動けるように，地面に白線で枠を書き，自分の待っている位置を明確にし，蹴る順番がわかるようにする。
○ 安全に配慮する意味と，コミュニケーションをとりながらゲームをする意味で，ピッチャーが「いくよ」と言葉をかけ，キッカーが「いいよ」と返事をしてから，ピッチャーがボールを転がすというルールを徹底する。
○ 勝敗に差ができて，モチベーションが下がらないように，ほぼ同じ力で対戦できるよう，チーム分けを配慮する。

4 題材名「キックベースボールをしよう」

●ねらい
・転がってきたボールを蹴ることができる。
・転がってきた，または飛んできたボールを，キャッチすることができる。
・ルールを理解して，ゲームに参加することができる。
・「いくよ」「いいよ」のコミュニケーションをとりながら，ゲームをすることができる。

●指導計画（全10時間）

1　ボールに慣れる（2時間）
・二人組になってボールを蹴る練習をする。 　①止まっているボール　　②転がってきたボール ・二人組になってボールを受ける練習をする。 　①転がってきたボール　　②ノーバウンドのボール

2　攻撃の練習をする（2時間）
・転がってきたボールを蹴り，1塁に走る練習をする。 ・1塁，2塁にランナーとして残り，友達が蹴ったら走る練習をする。

3　守備の練習をする（2時間）
・ピッチャーの練習をする。ボールを，ホームベースに向かってまっすぐ転がす練習をする。 ・転がる，飛んでくるボールを取る練習をする。 ・ボールを取ったあと，三角コーンやランナーにタッチする練習をする。

4　紅白に分かれてゲームをする（4時間）
・ピッチャーはボールを転がす前に，「いくよ」と言葉をかける。 　キッカーは，それに対し「いいよ」と返事を返してから始まるルールを徹底する。 ・アウトは，ノーバウンドでキャッチ，ランナーに直接タッチ，ベース代わりの三角コーンにタッチするルールとする。

・ツーアウトで交替とする。
・攻撃するときは、教師や友達に言葉をかけられてから蹴る位置に行くのではなく、自分で自分の順番を意識して行動できるようにする。

5 個別の指導計画

●児童の実態

Aさん
中度の知的障害がある。体を動かすことが好きで、野球に興味・関心がある。家庭生活の中で父親や近所の友達と野球をしたり、テレビ観戦をしたりすることがあるので、キックベースのルールを若干理解できるところがある。しかし、はじめは蹴ったあと、2塁に向かってしまうことがあった。今では、1塁に向かうことを理解している。キック力があり、負けず嫌いな面もあるので、勝ちたいと、ゲームに意欲的に参加することができる。

●学習展開

ねらい	・転がってきたボールを遠くまで力強く蹴ることができる。 ・キャッチしたら、アウトを取ることができる。 ・自分の順番がきたら、言葉をかけられることなく、キックボックスに行くことができる。

学習活動	指導上の留意点
1 ゲームのはじまりのあいさつをする。	・対戦チームの方を向き、体を止めてあいさつするように促す。
【先攻の場合】 2 キック順が決まったら、待機場所に移動する。	・待機場所に目印を置き、理解できるようにする。
3 自分の番がきたらキック場所に行く。	・自主的にキック場所に来たら、できた行動に対して褒める。

キックベースボールをしよう　103

4　転がってきたボールにタイミングを合わせて蹴る。	・ボールをよく見るように、タイミングがうまく取れるように言葉をかける。
5　アウトになったら、自分の待機場所に戻る。セーフになったら、ランナーとして残り、ゲームを続ける。	・Ｔ２，Ｔ３が走り出すタイミングの言葉をかける。ノーバウンドで取られたときは、塁に戻ってくるように言葉をかける。
【後攻の場合】（ピッチャーになった場合）	
2　「いくよ」とキッカーに言葉をかけ、「いいよ」の返事を聞いてからボールを転がす。	・言葉をかけるのを忘れていたときは、やり直しをし、ルールが身に付くように徹底する。
3　ボールをキャッチしたら、ベース（三角コーン）にタッチしに行く。	・どこのベース（三角コーン）に行けばよいか、大きな声でアドバイスをする。
6　振り返りをする。	・よかった行動について話す。また、場を再現して賞賛する。
7　ゲームの終わりのあいさつをする。	・対戦チームの方を向き、体を止めてあいさつするように促す。

6 評価

・転がってきたボールにタイミングを合わせ、遠くまで飛ばすことができた。次は、遠くまで飛ばすだけでなく、近くに転がしてセーフになることも作戦として理解できるようにしていく。
・ボールをキャッチしたら、どこに持って行けばよいのかがわからなかった。２塁にランナーがいた場合、ホームでアウトができることを教え、成功したことを褒めたあとは、何度もアウトを取ることができるようになった。

- 地面に白線でゲートを書き，待機場所をつくった。前の人がキックボックスに行ったら，隣のゲートに進むやり方をしてみると，順番がわからなくなってしまった。そのため，場所は移動せず，ボックスの定位置で待っているルールにした。言葉をかけられなくても自分の順番がわかり，主体的に行動できるようになった。

⑦ 授業の様子

> あっ！ ノーバウンドで取られる!! 戻らないと!!

> 取ったらランナーか，1塁にタッチだ!!

〈佐々木　光子〉

特別支援学級・中学校

ルールや勝敗を意識してボールゲームに参加してみよう
～仲間を意識する～

1 ねらい

- 言葉や体の動きによって円滑なコミュニケーションをする。
- 適切な運動方法を学習し，筋力の維持・強化を図り，安全に留意する。
- 目と体の協応した動き，姿勢や活動の持続性を高める。

2 学習活動

(1) **仲間を意識して活動に参加する**
  - リレーやパス回しの際，仲間とかかわるときは言葉だけでなく，表情やハイタッチなどのボディランゲージを行い，参加する。
  - 授業準備や後片付けなども含め，積極的に仲間とかかわろうとする態度や習慣を養う。

(2) **集団への参加の基礎を培う**
  - ロールプレイによって適切な行動を具体的に学習し，手順やきまりを理解して活動に参加する。

(3) **正しい姿勢の保持や動作を習得し，意欲的に活動する**
  - 柔軟運動やウォーミングアップを通して，けがの予防や適切な走り方や体の使い方などを意識して活動する。
  - 自分に合った運動強度を理解し，筋力や持久力を向上させ，安全に活動する。

(4) **目的に即して意図的に体を動かす**
  - ゴールや仲間などの目的に向かって，ボールを投げる・蹴る

などの活動をする。
　・教師が示す手本を自ら模倣し，適切な運動・動作を習得する。

③ 指導上の留意点

○ロールプレイの中で，仲間とかかわる際の声の大きさや，タッチの強さなど適切な例を提示し，活動に臨ませるようにする。
○はじめに授業準備や準備運動，後片付けなどのやり方を決め，自主的に活動できるように配慮する。
○学習の流れを掲示し，見通しをもたせて，柔軟運動ではその時間に使う部位を意識して伸ばすようにする。
○自分の適正な運動強度を理解できず，オーバーワークや全力を出していない生徒に対して指導者が適切に言葉かけを行う。
○教師が示す手本は指示を明確・簡略化し，スモールステップで練習を行えるように配慮する。

④ 題材名「仲間と協力して球技を楽しもう」

●ねらい
・球技を楽しむための力を身に付ける。
・安全に気を付け，仲間と励まし合って学習する。
・ボールを味方にパスをしたり，カバーし合ったりして，勝敗を意識してゲームに参加する。
・意欲的に体を動かし，筋力や持久力を向上させるように意欲的に活動する。

●指導計画（全7時間）

1　球技とはどのような競技なのか学ぶ（1時間）
・各球技の試合のビデオを見て，ボールの扱い方や試合の仕方などを確認する。

- ボールに触れて，ドリブルやシュートなど自由に活動する。

2　ドリブル・パスの練習をする（2時間）

- 正しいドリブルの仕方を確認し，自由に取り組んだあと，慣れてきたらコーンを用い，目的に向かってドリブルする。
- 正しいパスの仕方を確認し，距離や人数を変え，身振り手振りを含めて大きな声で名前を呼ぶなどコミュニケーションの取り方について確認していく。
- ドリブルしながらパス交換をする。ミスしたときはチーム全員でカバーすることを確認する。

3　シュートの練習をする（2時間）

- 正しいシュートフォームを確認し，ゴール近くからシュートする。
- 自分でドリブルしながら，ゴールに向かってシュートをする。
- 仲間からパスを受けてから，ゴールに向かってシュートをする。
- 敵のいるゴールに向かって，ドリブルをしながらシュートをする。

4　球技（サッカー・バスケットボール）の試合をする（2時間）

- ルールやポジションについて確認し，試合に取り組む。
- 上手な生徒については，ボールの持ち時間の制限やパスの回数の指定など，条件付けをしたなかで試合に取り組む。
- 試合のなかで積極的にコミュニケーションを取りながら，活動をする。

5 個別の指導計画

●生徒の実態

	Aさん	Bさん	Cさん
聞く 話す	・積極的な授業態度で，話を聞き逃さず質問に対しても明確に答えることができる。 ・困っている生徒の手助けができる。	・口頭指示を聞き逃すことが多いため，全体指導が難しい。 ・できないことや聞き逃したとき，教師に確認することができる。	・口頭指示を聞き逃すことが多いため，全体指導が難しい。 ・わからないとき，うまく聞けず黙っていることが多い。

技能	・運動能力が高く,全体の見本となれる。 ・常に全力を出して活動に取り組める。	・持久力がなく,走ることに苦手意識が強い。 ・得意なことには集中して取り組める。	・協応動作が苦手である。 ・体がかたく,不自然な動きをすることがある。
学習状況	・どんな活動にも意欲的で,うまくなろうという気持ちをもって取り組むことができる。	・自信をもてるように,できることを積極的に取り組むことで意欲的に体を動かすことができる。	・教師の支援を素直に受け入れ,できるようになるように努力することができる。

●学習展開 (第3時)

2 ドリブル・パスの練習をする			
ねらい	Aさん	・仲間と身振り手振りを含めたコミュニケーションをとれる。正しいパスの仕方で,目的に向かってパスができる。	
^^	Bさん	・大きな声でコミュニケーションをとれる。パスを出す方向を意識してパスができる。	
^^	Cさん	・パスをする際に相手の名前を呼ぶことができる。力強くパスを出すことができる。	

学習活動	個別の支援		
^^	Aさん	Bさん	Cさん
1 授業準備や準備運動,ウォーミングアップを行う。	・事前に確認してある場の準備を行い,柔軟運動やフットワークを行う。	・事前に確認してある場の準備を行い,柔軟運動やフットワークを行う。	・個別に何をするか確認し,準備を行えるようにする。うまくできない運動では指導者が支援をする。
2 取り組む活	・指導者の話を聞	・言葉かけで説明	・言葉かけで説明

ルールや勝敗を意識してボールゲームに参加してみよう 109

動について確認する。 ・パスを正確にできるようになる。 ・仲間と積極的にコミュニケーションをとる。	き，取り組む活動について理解をする。	している方に注意を向け，話を聞くことができる。	している方に注意を向け，うまく理解できていないときは補足説明を行う。
3　仲間とコミュニケーションをとりながらパスをする。 ・やり方の説明を見る，聞く。 ・二人一組，三人一組に分かれてパス交換を行う。	・手本を見て，模倣して取り組む。 ・パスをする際，身振りを大きくしたり，声を大きくしたりするなど，自分なりに工夫して取り組む。 ・正しいパスの仕方で目的に向かってパスをする。	・手本を見て，模倣して取り組む。 ・パスをする際，必ず名前を呼ぶように心掛ける。 ・パスを出す方向を意識してパスをする。	・指導者と一緒に取り組み，取り組む内容を確認して活動する。 ・パスをする際，必ず名前を呼ぶように心掛ける。 ・力強くパスを出すことができる。
4　試合を意識したパス練習を行う。 ・距離や人数を増やし，範囲を広くした中でパスをする。	・コミュニケーションをとり，自由にパス交換を行うことができる。 ・離れていても正確にパスができる。	・大きな声で相手の名前を呼んでからパスができる。 ・遠くの仲間にもパスが届くように取り組む。	・相手の名前を呼んでパスができる。 ・実態に合わせて，パス交換をする範囲を狭めて取り組む。
5　活動を振り返り，評価っをする。	・よかったことを指導者，生徒を含め出し合い，褒める。	・よかったことを指導者，生徒を含め出し合い，褒める。	・よかったことを指導者，生徒を含め出し合い，褒める。

6 評価

・指示を聞いて理解して行動できたか。
・積極的にコミュニケーションをとることができたか。
・正しい姿勢で目的に向かってパスをすることができたか。

7 授業の様子

写真1・2　指導者と生徒による今日の活動の手本

写真3・4　パスをする距離を縮め，確実にコミュニケーションをとる

〈野口　睦恵・佐藤　昭彦〉

陸上競技

特別支援学校・中学部

障害物走
～ミニハードルやラダーを使った障害物走～

1 ねらい

○いろいろな器具を使った運動をすることで，自分の体をコントロールする。
○課題を克服することで，自ら意欲的に運動に取り組む。
○習得した力を他の運動や日常生活に生かす。

今回，ミニハードルや，ラダーを使った運動を行った。これらは，一般的に，SAQトレーニングと呼ばれ，

> **S** = Speed：スピード（前方の重心移動を素早く行う力）
> **A** = Agility：アジリティ（運動時に体をコントロールする力）
> **Q** = Quickness：クイックネス（刺激に反応し，早く動き出す力）

この三つの力の向上を目的としたトレーニング方法である。生徒たちが，小さい頃から様々な遊びや運動を行っていくなかで自然に身に付いてくる素早い身のこなし，バランス感覚，柔軟性などが，経験の少なさから身に付いていないことが多いため，今回の授業で扱うことにした。

2 学習活動

(1) ミニハードルやラダーを使った障害物走を行う。
(2) 走運動をはじめ，いろいろな種目を組み合わせたサーキット運動に取り組む。

③ 指導上の留意点

○はじめは，それぞれの器具に対して，確実にできる課題から始め，徐々にスピードを上げていけるよう配慮した。
○ミニハードルとラダーについては，生徒の実態から高さやます目の大きさを決めて作製した。
○ミニハードルに取り組む際，2歩の同じインターバルで走ることができるよう，走るスピードに合わせて間隔を調整した。
○楽しく意欲的に取り組むことができるように，音楽を流しながら行った。
○行う前に指導者が手本を見せたり，目印を置いたりするなどして，視覚的にわかりやすいようにした。

④ 題材名「障害物走」

▶ねらい
・ミニハードルやラダーを使った走運動を行うことで，自分の体を巧みにコントロールできる。
・各種の運動を続けて取り組むことができる。

▶指導計画（全15時間）

1　簡単な走運動（3時間）
・指導者の合図を聞いて，目標物に向かってまっすぐ走る。 ・友達と手をつなぎながら横並びで走る（2人組，3人組）。 ・友達と向かい合いながら手をつなぎ，サイドステップをする。 ・目標物を回って元の位置に帰ってくる。 ・リレーを行う。
2　ミニハードル（4時間）
・もも上げの要領で脚をしっかり上げ，バーに引っかからないように気を付けながらまたぎ越す。

障害物走　115

・指導者の手拍子やかけ声に合わせて脚を上げながら跳び越す。
・徐々にスピードを上げながら跳び越える。
・ハードルの間隔を少しずつ広げていく。

3 ラダー（4時間）

・バーを踏まないように気を付け，脚をしっかり上げ，ます目に足を置きながら歩く。
・指導者の手拍子やかけ声で，リズムよくますに足を置きながらゆっくり走る。
・徐々にスピードを上げながら走り抜ける。

4　器具や課題を組み合わせた走運動（4時間）

・トラックの回りにミニハードルやラダーをはじめ，ジグザグ走やハードルくぐりなどの課題を設定し，決められた時間内続けて走る。
・テンポが違うBGMに合わせて，走ったり，歩いたりする。

○この活動を週に1時間設定されている中学部全体の体育で行う。その他にも，毎朝登校後，着替えが終わってから1時限目が始まるまでの10～15分間，ランニングや器具を使った運動を継続して行っている。

5 個別の指導計画

●生徒の実態

　A君は，小学校では，あまり運動経験が多くなかったせいか，中学部に入学当初，指導者の動きを模倣することが難しかったり，自分自身で体の動きをコントロールしたり，バランスをとったりすることがうまくできず，靴を立ったまま履くことができなかったり，支えがないとズボンをはけなかったりという状態であった。また，歩いたり，走ったりするときに，脚を十分に上げることができず，すり足の状態であった。

　自分自身，運動が苦手という思いからか，自分から積極的に体を動かそうということは少なかった。

●学習展開

ミニハードルやラダーを使った障害物走

ね ら い	・障害物をよく見ながら跳び越えたり、走り抜けたりする。 ・自分の体を巧みにコントロールしながら素早く走る。 ・各種の運動を持続して取り組む。

学習活動	指導上の留意点
〈ミニハードル〉 1 歩きながら、脚を上げ、ハードルをまたぐ。	・その場で脚をまっすぐ上に上げる練習を繰り返し行う。 ・はじめは、バランスが取りづらいので、手を添えるなどの支援をする。 ・リズムよく脚を上げられるよう、手拍子やかけ声をかける。
2 ゆっくり走りながら、跳び越える。	・まずは、一つずつ跳べるように繰り返し行う。 ・上げた脚が、ハードルの横に逃げないように、指導者が横について走り、バーの上を跳び越えられるようにする。
3 ハードル間のインターバルを同じにしながら、リズムよく跳ぶ。	・指導者が手拍子や言葉かけをすることで、リズムがとれるようにする。
4 ランニングの流れの中で、インターバルを2歩でリズムよく跳ぶ。	・同じリズムで跳べるように、同じ間隔でハードルを並べる。スピードがついてきたら、少しずつ間隔を広げていく。

〈ラダー〉 1　ますに1歩ずつ足を置きながら歩く。 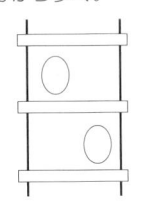	・バーを踏んでしまうことが多いため，ますの中に目印を置くことで，足を置く場所をわかりやすくする。できるようになったら，目印をなくして行う。
2　徐々に歩くスピードを上げ，バーを踏まないように気を付けながら，1ますずつ足を置いていく。	・ハードルのときと同じく，その場で脚をまっすぐ上に上げる練習を繰り返し行う。 ・ますをよく見るよう言葉かけをし，バーを踏んでしまったときは，手本を見せるなどしてから，繰り返し行う。 ・指導者が手拍子やかけ声をかけることで，リズムがとれるようにする。
3　ランニングの流れの中で，ますに足を置きながら，素早く走り抜ける。 	・指導者がそばについて走りながら，脚を上げる所に手を出して示すことで，高く，まっすぐ上げられるようにする。 ・スピードが上がってきたら，足の裏全体ではなく，つま先だけを地面に着けながら走り抜けられるようにする。
〈器具や課題を組み合わせた走運動〉 1　150mトラックに 　・ミニハードル	・安全面を考え，内側にゆっくりペース，外側に速いペースで走るコースを設定する。

・ラダー ・ジグザグ走 ・ハードルくぐり などの器具や課題を配置し，決められた時間内，歩いたり，走ったりする。	・生徒が楽しみながら，続けて運動に取り組めるようにするために，テンポが違うBGMを流し，歩く場面と走る場面を交互に設定しながら，めりはりをつける。
○使用教材 〈ラダーとミニハードル〉	・今回の授業のみならず，中学部全体での体育にも使用するため，全クラス分作製した。

6 評価

・障害物をよく見て跳び越えたり，走り抜けたりできたか。
・体を巧みにコントロールして走ることができたか。
・各種の運動を，意欲的に，持続して取り組めたか。

〈大島　芳徳〉

［参考資料］
特定非営利活動法人日本SAQ協会「SAQトレーニングとは」

高等特別支援学校

持久走
～時間走～

1 ねらい

○社会自立・職業自立に必要な体力，意欲を養う。
○生活の中に運動を取り入れる態度を養う。
○友達と協力して授業に取り組む態度を養う。

2 学習活動

(1) **ランニングの計画を立て，走った距離を持久走記録表に記録する**
　・朝や放課後，休日等を利用して計画的にランニングを行い，記録表に記録していく。
　・日常生活に運動を上手に組み込んでいくように支援する。

(2) **グループで協力して準備運動を行う**
　・今日の活動に必要な準備運動をグループで考え，協力して準備運動を行う。

(3) **時間走，距離走を行う**
　・自分の体調や走力に合わせて，設定した時間や距離を走る。

(4) **走った距離を記録する**
　・その日走った距離を記録表に記録する。

(5) **整理体操を行う**
　・体育係の号令で整理体操を行う。

③ 指導上の留意点

○学校生活をスムーズに送れるように自主練習をしているかを見守り，支援する。
○朝や昼の自主練習には必ず教師が立ち会うように配慮する。
○健康観察カードで生徒の体調を把握し，体調不良の生徒は見学にする。
○走行時及び，集合解散時には顔色や様子を見て健康観察を行うようにする。
○グループごとの準備運動が十分に行えているかを確認する。
○走行時はオーバーペースにならないように声をかけ，安全管理を行う。
○記録表に目を通し，距離数の多い生徒を紹介する。

④ 題材名「持久走」

▶ねらい
・持久力を養う。
・計画を立てて運動する態度を養う。
・友達と協力して運動する力を養う。

▶指導計画（全10時間）

1 単元の説明（1時間）
・就職するためには，1日8時間以上働ける体力が必要であることを説明する。
・健康を保つためには，栄養，運動，休養が大切であることを説明する。
・卒業後は，積極的に運動を生活に取り入れ，運動する時間を確保することが大切であることを説明する。
・持久走記録表の書き方を説明する。
・単元計画（学年マラソン大会までの流れ）の説明を行う。

2 時間走・距離走（7時間）
・グループに分かれて準備運動を行う。 ・周回コース（1周1km）を利用しての時間走，距離走を行う。 ・走った距離を持久走記録表に記録する。 ・整理体操を行う。
3 学年マラソン大会（1時間）
・男女ともに，3kmの部，6kmの部を選択しエントリーする。 ・それぞれの距離を走り，上位入賞者は表彰する。 ・全員に記録表を配布する。
4 単元のまとめ（1時間）
・持久走記録表を整理し，長い距離を走った生徒を紹介する。 ・就労のための体力，卒業後の健康について再度説明する。 ・冬休みの課題として同形式の記録表を渡し，記録の仕方を説明する。

5 個別の指導計画

●生徒の実態

	Aさん	Bさん
健康の保持	・心身ともに健康である。 ・健康に関する知識や態度を身に付けてほしい。	・心身ともに健康である。 ・自分自身で健康管理をすることが課題である。
心理的な安定	・温厚な性格で常に安定している。	・感情のコントロールが課題である。
人間関係の形成	・やや消極的ではあるが，他者と良好な関係を築ける。	・苦手な友達と関係を築くのが課題である。
環境の把握	・言語理解はやや不十分だが，日常生活への影響は少ない。	・聴覚優位の傾向がある。

身体の動き	・特に問題はない。	・脚長差があり，歩行がやや不安定である。
コミュニケーション	・やや消極的ではあるが，日常生活を送るには十分である。	・積極的に会話するが，状況に応じたコミュニケーションが課題である。
分析と概要	・すべての項目でバランスがとれているが，言語理解力とコミュニケーションの積極性が備わるとさらによい。	・心理的安定に課題が見られる。精神的に安定した生活が送れるとよい。
教科における目標	・健康に関する知識と態度を身に付ける。 ・意欲的に取り組む。	・落ち着いて授業に参加し，最後まで安定してやり遂げる力を養う。
学習状況	・ルールやマナーを守り，真面目に授業に参加している。	・楽しんで授業に参加している。

●学習展開（第5時）

2 時間走		
ねらい	Aさん	記録更新を目標に意欲的に取り組む。
	Bさん	安定したペースで最後まで走りきる。

学習活動	個別の支援	
	Aさん	Bさん
1 あいさつ ・体育委員の号令であいさつをする。	・姿勢を正してあいさつをするように促す。	・体育係に注目するように声をかける。
2 説明 ・ランニングをがんばっている人を紹介す	・早く登校し体育館で走っていることを全体に紹介する。	・教師の話を聞いているかを確認し，状況によって支援する。

持久走　123

る。 ・本時の活動について説明する。 3　準備運動 ・十人組で準備運動を行う。 4　時間走 ・15分間走を行い，自分の走った距離を記憶しておく。 5　記録 ・走った距離を持久走記録表に書き込む。 6　整理運動 ・体育委員の号令で整理体操を行う。 7　まとめ ・授業のまとめと今後の予定について話す。 8　あいさつ	・オーバーペースにならないように助言する。 ・グループのリーダーとしてリードするように声をかける。 ・前回の記録よりも記録が上がった場合は，自主練習の効果があったことを称える。 ・記録が伸びていることを称え，励ます。 ・疲労を残さないように，しっかりと行うように声をかける。 ・マラソン大会までの日程と心構えについて話す。 ・姿勢を正してあいさつをするように支援する。	・ゆっくりでもいいので休まずに走るように声をかける。 ・リーダーの話をよく聞き，周りの人の動きを見て行動するように話す。 ・無理なく走っているかを確認し，ペースが落ちたときは励ますようにする。 ・少しずつ記録が伸びていることを称える。 ・体育委員を見て，しっかりと行うように支援する。 ・マラソン大会までの日程と心構えについて話す。 ・姿勢を正してあいさつをするように支援する。

6 評価

・自己記録を更新することができたか。
・意欲的に活動に参加できたか。
・自分で計画を立てて運動することができたか。
・友達と協力して活動することができたか。

7 授業の様子

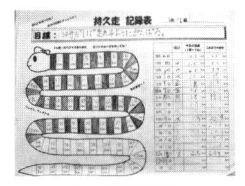

持久走記録表　　　学年別持久走記録　　　活動の様子
　　　　　　　　　（グラフ）　　　　　（学年マラソン大会）

〈高橋　鉄〉

特別支援学級・中学校

心と体を鍛える持久走
~自己新記録を目指して走ろう~

1 ねらい

○一生懸命に走った達成感を味わう。
○継続して取り組むことで，体力と気力を高める。
○周囲を見て感じて，競い合う意識を育てる。
○苦しさを乗り越えて，自己新記録を目指す。

2 学習活動

(1) Tシャツに着替えて昇降口に集合する。
(2) 学校近くの公園までジョギングで移動する。
(3) 準備運動をする。
(4) 1周700mの遊歩道を5周走る。
(5) ゴールしたら，ストップウォッチのタイムを記録する。
 ・正確を期すために，教員も記録を取っている。
(6) 他の人がゴールするのを待つ間，縄跳びをする。
 ・体つくり運動として，毎日縄跳び（前跳びを連続200回，後ろ跳びを連続200回）をしている。
 ・引っかかった場合は1からやり直す。
(7) 手洗い，うがいをしてから教室に戻り，タイムを確認する。
 ・過去の自分のタイムと比較する。
 ・新記録だったら，ご褒美シールを選んで個票に貼る。
 ・ベストタイム1分以内だったら，個票にスタンプを押す。
(8) 水分補給をする。
 ・スポーツドリンクやリンゴ酢飲料を飲む。

(9) 汗になったTシャツを着替える。

3 指導上の留意点

○本校では学校生活を体育着で送っている。体育でたっぷりと汗を かいても，その後さっぱりと過ごせるように，体育の時間にはTシャツに着替える。色とりどりのTシャツはだれなのか判別しやすく，離れた所からでも言葉かけしやすい。
○準備運動では体の各部位を十分に伸縮させられるよう，ゆっくりとカウントしている。同時に，自分の体がどういう形になっているのか意識させる。
○走るのを嫌がったり，すぐに歩きたくなってしまったりする生徒には，教員が伴走する。十分な支援体制がとれるよう，通常の学級の担当教員も加わっている。
○短いコースにしたり，歩いて回ったり，教室待機だったりと，体調に応じた配慮をする。
○校外走ができないときには，体育館での30分間走に変更する。
○ベストタイムを更新したときには，一覧表のデータをすぐに書き換えて視覚的にも新記録を確認し，喜びを分かち合う。
○タイムの増減の計算など，数学の授業で「時間の学習」の発展問題として取り組んでいる。

4 題材名「力いっぱい走って，新記録を出そう」

●ねらい
・自己ベスト更新を目指して，もてる力を発揮する。
・同じコースを走る友達を意識して，競い合う。
・ゴールしたときのストップウォッチの数字を覚えて，記録する。

●指導計画（通年，週2時間）

4月	・新たなメンバーがコースに慣れるよう，集団で走る。
5・6月	・自己ベスト更新を目指して，全力で走る。
7月	・水泳学習を重点的に行うので，週1回の取組になる。
9月	・長期休業明けと残暑を配慮して，ペースを加減する。
10〜12月	・自己ベスト更新を目指して，全力で走る。
1月	・長期休業明けと寒さを配慮して，ペースを加減する。
2〜3月	・自己ベスト更新を目指して，全力で走る。

5 個別の指導計画

●生徒の実態

	Aさん	Bさん	Cさん
言語能力	・簡単な言葉での指示は通じるが，行動には移せないこともある。 ・小学校低学年程度の漢字混じりの文を読んだり書いたりできる。 ・経験したことを言葉で伝えることができない。	・本好き。興味の範囲の知識は豊富で言葉の理解も高いが，それ以外のことには無関心。 ・パターン化した簡単な漢字混じりの文を書く。 ・経験したことを言葉にできるが，順序立っていないのでわかりにくい。	・簡単な言葉での指示は通じて行動に移すことができる。 ・漢字混じりの文を読んだり，視写したりすることはできるが，作文は苦手である。 ・経験したことを1〜2語文で伝えられる。
社会性	・一人遊びが多い。時々手の皮を擦って剥く。 ・周囲をまねて行動する。	・こだわりが多く，気に入らないことへの拒絶反応は大。 ・周囲の人とは一線を画している。	・友達と遊んでいるときは多弁。 ・改まった場面では言葉が出にくくなる。

運動能力	・まねて体を動かすことができるので，回数を積むとできるようになる。	・運動は好きではない。仕方なく取り組み，時々大声を出して発散している。	・球技が好き。未経験の運動も短時間でこなせるようになる。
学習状況（持久走）	・伴走や言葉かけがあると速く走ろうとする。	・走り続ける体力はある。伴走や言葉かけでペースアップを促されると，大声を出して抵抗しながらがんばる。	・速い人についていきたいと意欲的で，苦しくてもがんばろうとする。

●学習展開

ねらい	Aさん	競争意識を育て，もてる力を発揮しようとする。
	Bさん	苦しくても我慢してやり遂げる力を付ける。
	Cさん	がんばった実感を味わい，自己肯定感を高める。

学習活動	個別の支援		
	Aさん	Bさん	Cさん
1 公園に移動，準備運動。	・前後屈や回旋で体を十分に動かせるよう言葉かけをする。	・みんなに遅れずに移動し，走る意識に切り替える。	・新記録を目指そうという気持ちを高める。
2 遊歩道を走る（5周）。	・前を走る人に追いつく，そして追い越す，次の人に追いつく……と具体的な目標を示す。	・その日のコンディションに合わせて競り合えそうな人を指名し，励ましの言葉かけを加える。	・プラス評価の言葉かけで，がんばりを継続させる。
3 縄跳びをする。	・引っかかることが続いたときに	・引っかからずに跳べるようにな	・引っかからずに跳べるので，見

心と体を鍛える持久走　129

| 4　教室に戻り，水分補給と評価。 | は一緒に回数を数える。
・シールやスタンプをもらえるときには賞賛する。届かなかったときにはねぎらう。 | ったので，見守る。
・シールやスタンプをもらえるときには賞賛する。届かなかったときにはねぎらう。 | 守る。
・シールやスタンプをもらえるときには賞賛する。届かなかったときにはねぎらう。 |

６ 評価

・苦しさをがまんして走ったか。
・一緒に走っている人たちを意識して，競え合えたか。
・がんばった喜びを味わえたか。

７ 授業の様子

一斉にスタート。勢いよく飛び出す人，余力を残せるペースの人，様々

同じようなペースの人を追いかけ，追い抜き，追い返し……

外での持久走ができないときには，体育館内で30分間走を行う。
・体育館フロア〜格技室〜廊下〜階段上り〜2階ギャラリー〜卓球室〜階段下り〜フロア……というコースを設定している。
・1周は290m。
・1周したら，ペットボトルキャップを取り，自分の容器に入れる。
・最後にキャップを数えて，どのくらい走ったのか確認する。
・30分間で12〜20周を走っている。
・1周が短いので，追いつき，追い抜き，抜き返し……という競り合いが多く見られる。

〈佐藤　久子〉

水泳

特別支援学校・小学部

プールで遊ぼう
～水に親しむ～

1 ねらい

○水に慣れ親しむことや浮いたり泳いだりすることの楽しさや心地よさを味わうことができる。（技能）
○友達や教師と一緒に運動に進んで取り組み，安全に気を付けて活動することができる。（態度）
○水の中での簡単な遊び方を工夫することができる。（思考・判断）

2 学習活動

(1) **プール学習を通して，基本的な生活習慣や日常生活の基本となる運動を身に付ける**
・着替えや排せつなどに取り組む。
・準備体操等を通して，教師と一緒に楽しく身体を動かす。

(2) **水慣れ遊びに取り組む**
・ひざよりも浅い深さのプールの中で，教師と一緒に水をすくったり，かけたりするなどして遊んだりする。
・ひざくらいまでの水中を教師と一緒に歩いたり，走ったりして遊んだりする。

(3) **集団活動に取り組む**
・簡単な約束や指示に従って，楽しく運動をする。
・教師や友達と一緒に簡単なルールのあるゲームをする。用具等の準備，後片付けをする。

(4) **泳法練習に取り組む**
・腰よりも高いプールの中を教師と一緒に歩いたり，顔をつけ

たりする。
・浮いたり泳いだりする活動を取り入れながら，楽しく取り組むことができる。
(5) **自由遊びに取り組む**
・小プールや大プールで，浮き輪等の補助具を利用しながら友達や教師と一緒に遊ぶ。
・安全に運動するうえで必要な簡単な約束がわかり，遊ぶことができる。

③ 指導上の留意点

○児童の興味・関心に応じた遊びや楽しいゲームを取り入れるなど，日常生活に必要となる運動を身体活動に結び付けることができるよう配慮する。
○水に対する児童の心理的な緊張を解きほぐしながら，児童が水の中で体を動かすことが好きになるような工夫をする。
○座って待つことや指示に従うなどの行動統制や指示理解を高めたり，人と遊んだりかかわったりできるよう対人関係や集団活動への適応等に配慮する。
○手足の協応動作やバランス感覚，ボディイメージの形成等の向上や感覚面の発達促進の向上をねらう。
○児童の健康状態や体調の把握，気温，水温や水深，水質について十分に注意を払うとともに，指導体制や監視体制の整備を図る。

④ 題材名「プールでいろいろな運動をしよう」

●ねらい
・水遊びを通して，水に慣れ親しむことができる。
・簡単なルールや順番を守り，プールに入ることができる。
・教師と一緒に，または補助具等につかまって水中を歩いたり，足

を浮かせたりすることができる。
・浮き輪や浮き島，ボールなどを使った活動を通して，水中での活動に親しむ。
・教師の指示に従って，安全に活動することができる。

●指導計画（全5時間）

1　水に慣れる
・準備体操をしたり，小プールサイドに腰をかけて足をバタバタしたりする。 ・ひざよりも浅い深さのプールの中で，水をすくったり，かけたりするなどして遊ぶ。
2　水に慣れる遊びに取り組む
・水につかって，水をかけ合ったり，まねっこをしたりして遊ぶ。 ・ひざくらいまでの水中を歩いたり，走ったりして遊んだり，顔を水にかけたりしていろいろな遊びをしたりする。
3　集団活動に取り組む
・簡単な約束や順番を守り，歌遊びなどの集団遊戯や玉入れなどの活動に取り組む。 ・簡単なきまりを守り，教師や友達と一緒に安全に運動することができる。
4　水中での運動に取り組む
・バブリングやボビングを通して，水の中での活動に慣れる。 ・壁や補助具につかまって，水に浮いて遊んだり，水にもぐっていろいろな遊びをしたりする。
5　集団活動や水中での活動に取り組む
・教師や友達と協力して，簡単なゲームやルールのある活動に取り組む。 ・深いプールの中で，浮いたり，潜ったりすることに慣れたり，補助具等につかまってバタ足等をしたりする。

5 個別の指導計画

●児童の実態

	Aさん	Bさん
コミュニケーション	・2音節程度の簡単な指示を理解して，行動することができる。 ・声を出して，気持ちを伝えようとすることができる。	・要求や報告がある際に，教師の腕を軽くたたいたりして知らせることができる。 ・「できました」，「ごちそうさま」などのカードを教師に渡して伝えることができる。
感覚・知覚・認知	・色や形のマッチングができる。 ・大きなサイズの平仮名のなぞり書きができる。	・12ピースのジグソーパズルや色のマッチングをすることができる。 ・直線をなぞることができる。
社会性	・順番などの簡単なルールは，あらかじめ伝えると守ることができる。 ・友達の様子を教師に伝えようとすることがある。	・大勢の友達が遊んでいる遊具等で一緒に遊ぶことができる。 ・順番を待って遊具で遊ぶことができる。
学習状況	・顔に水がかかるのを怖がることがあるが，体にシャワーをかけたり，浅いプールでボールを拾うゲームをしたりすることができる。	・プール学習では，スチレンボードに乗って揺らしてもらったり，浮き袋をつけた状態で仰向けになって足を動かしたりすることができる。

●学習展開（第5時）

5	集団活動や水中での活動に取り組む	
ねらい	Aさん	・簡単なルールや順番を守りながら，友達と一緒に活動することができる。 ・補助具等を使って，体を浮かしたりする。

プールで遊ぼう　137

Bさん	・教師や友達と一緒に小集団でいろいろな遊びをすることができる。 ・水の中で補助具等をつけて、脚を伸ばすなどしてリラックスすることができる。	

学習活動	個別の支援	
	Aさん	Bさん
1 学習の流れの確認 ＜写真１＞	・手順書と説明を聞いて、学習の流れを知る。	・手順書を見て、学習の流れを知る。
2 あいさつ，準備体操，シャワー	・教師の見本を見て準備体操をする。 ・児童の様子を見ながら体を洗い流すよう配慮する。	・教師の見本を見て準備体操をする。 ・児童の様子を見ながら身体を洗い流すよう配慮する。
3 水慣れ ・腰かけキック ・水かけ	・恐怖心をもたないよう様子を見ながら取り組む。	・教師の見本を見て、手や足等を動かしたりする。
4 集団活動 ・玉入れ ・歌遊び ＜写真２＞	・教師の言葉かけでボールをカゴに入れたり、友達と一緒に手をつないで踊ったりする。	・教師の見本や言葉かけでボールをカゴに入れたり、友達と一緒に手をつないだりする。
5 水中での運動 ・バブリング，ボビング ・浮き輪等を使った伏し浮きやバタ足 ＜写真３＞	・浮き輪等を使って、教師と一緒に体を浮かしたりする活動に取り組む。	・一人でまたは浮き輪等を使って、仰向けになったり、うつ伏せになったりする。
6 自由遊び ・小プールや大プールでの活動	・大プールにプールフロアを置き、水深を調整することで自分から活動する場面を増やす。	・大プールで浮き輪等を使って、自分からいろいろな活動に取り組む。

| 7　あいさつ，シャワー，着替え | ・活動を振り返り，がんばったところを褒める。 | ・活動を振り返り，がんばったところを褒める。 |

6 評価

・簡単なルールや約束を守って活動することができたか。
・一人または浮き輪等の補助具を使って，水の中での活動に取り組むことができたか。
・教師や友達と一緒に安全に活動することができたか。

7 授業の様子

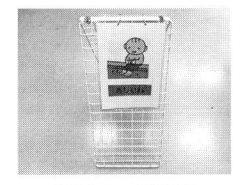

写真1　手順書 　　写真2　歌遊び 　　写真3　水中運動

〈田野　大介・蝦名　創〉

特別支援学級・小学校

プールを楽しもう
～水が苦手な児童の水泳指導～

1 ねらい

○水に慣れる遊びができる。
○水に浮く遊びができる，水にもぐる遊びができる。
○け伸びで浮く運動ができる，バタ足で泳ぐ運動ができる。

2 学習活動

(1) **水に慣れる遊びを通して怖さをとる**
　・家庭用のビニールプールの中で歩こう。
　・ビニールプールの中に座っておもちゃで遊ぼう。

(2) **体に水をかけよう**
　・ビニールプールの水を両手ですくって顔を洗ったり，じょうろで体に水をかけたりして遊ぶ。
　・シャワーやストレートに切り替わりができる散水ノズルが付いたホースで水を噴射して遊ぶ。

(3) **小プールの中を歩いてみよう**
　・小プールの壁につかまったり，教師と手をつないだりしながらゆっくり歩く。
　・小プールの深さが怖い児童には，底にフロートを置き，いつでも自分の意思で立って呼吸ができる安心感をもたせる。
　・カラーボールや人形をプールに浮かべ，小プールの中を歩いて取りに行く（徐々に取りに行く距離を長くする）。

(4) **水の中の物をとってみよう**（ゴーグルの使用開始）
　・プールの水が顔につかなくても取れる細長い物をつかむ。
　・ゴーグルをして，一瞬でも顔をつけて水の中の物を取ることができる。
(5) **浮き輪やアーム浮き輪を使ってプールで浮いてみよう**
　・浮き輪やアーム浮き輪を使用して浮く感覚をつかむ。
(6) **大きなビート板や通常のビート板を使ってバタ足をする**
　・最初はサーフィン用の大きなビート板でバタ足をする。
　・慣れてきたら通常のビート板でバタ足をする。
(7) **息つぎをしながらビート板でバタ足をしてみよう**
　・水の中で教師と手をつないだり，壁につかまったりしてボビング（息つぎ）の練習をする。
　・壁キックからのスタートではなく，教師が待つ壁をゴールにして，泳ぐ距離を伸ばしていく。水に恐怖心をもっている児童にとって，壁に向かって泳ぐことは，効果的である。

3 指導上の留意点

☆「習うより慣れろ！」水温，気温，風力，日照などの気象条件を考慮し，できるだけプールに入る時間を確保する。
○気温・水温基準を満たしていれば，毎日プールに入る。
○プールの中で浮島や散水ノズルの付いたホースやビーチボールを使って，友達と楽しく遊ぶ時間を十分に確保する。
☆スモールステップで少しずつ自信を付けさせ，「もっと泳げるようになりたい」という意欲を伸ばしていく。
○水に対する恐怖心をなくすため，浮き輪やゴーグルを早い時期から着用する。
○水に浮かべるボールの数を増やしたり，泳ぐ距離を少しずつ伸ばしたりしていくなど，スモールステップで自信をもたせる。

④ 題材名「水に慣れよう」(Aさん),　「バタ足で25mを泳ごう」(Bさん)

▶ねらい
- 水に慣れ，大きなビート板を使って浮くことができる。(Aさん)
- 息つぎをしながらバタ足で25m泳ぐことができる。(Bさん)
- プールで友達と楽しく遊ぶことができる。(Aさん，Bさん共通)

▶指導計画 (全30時間)

1　水に慣れよう①（Aさん）（5時間）
・家庭用ビニールプールの中で水遊びを楽しむ。
2　水に慣れよう②（Aさん）（5時間）
・小プールの中を歩いたり，散水ホースで遊んだりする。
3　水に慣れよう③（Aさん）（10時間）
・水に浮いている物を歩いて取る。
4　水に慣れよう④（Aさん）（10時間）
・水の中に沈んでいる物を取る。 ・浮き輪を使って浮く。 ・大きなビート板を使って浮く。
1　け伸びをしよう（Bさん）（5時間）
・教師が手を支えて体の力を抜くことを身に付ける。
2　バタ足をしよう（Bさん）（5時間）
・ゴールの壁に向かってビート板を使って泳ぐ。
3　息つぎをしよう（Bさん）（10時間）
・プールの壁に捕まり立ってボビングの練習をする。
4　バタ足で25mに挑戦しよう（Bさん）（10時間）
・ゴールの壁に向かって徐々に距離を伸ばし25mを泳ぐ。

◎浮島やビーチボールで，友達と楽しくプールで遊ぶ
（習熟度別指導後Aさん，Bさん共通）（全時間実施）

5 個別の指導計画

▶児童の実態

	Aさん	Bさん
水泳技能	・保育園では，一人で入水できなかった。 ・小学校のプールに入るのは，初めてである。 ・顔に水がつくのが怖い。	・壁キックをしてけ伸びができ，バタ足で15m泳げるようになった。 ・浮島やビーチボールで友達と楽しく水遊びができる。
態　度	・苦手なことでも，教師の話を聞いたり，支援を受けたりして挑戦できる。	・泳げる距離が伸びていく達成感を味わって，進んで水泳に取り組むことができる。
思考・判断	・プールでの約束を守り，教師や友達と安全に水遊びができる。	・プールの中で立ったまま，ゆっくり顔を上げて息を吸うことができる。
学習状況	・プールは初めてなので，恐怖心があり，小プールに入るときは，教師に抱っこされたり，手をつないだりしないと入水を躊躇する。	・水の中で息を止めることはできるが，息つぎをしようとするときは，恐怖心からバタ足を止めて立ってしまい，泳ぐ距離が伸びない。

▶学習展開（第30時）

4 水に慣れよう④（Aさん）バタ足で25mに挑戦しよう（Bさん）		
ねらい	Aさん	大きなビート板で浮くことができる。
	Bさん	息つぎしながらバタ足で25mを泳ぐことができる。
	共　通	プールで友達と楽しく遊ぶことができる。

プールを楽しもう　143

学習活動	個別の支援	
	Aさん	Bさん
1 準備運動，シャワー	・上級生の動きをまねするよう声をかける。	・曲げる，伸ばす部分を意識させる。
【Aさん】 水に慣れよう④（習熟度別学習）		
2 水に慣れよう。 ・足だけプールの中に入れる。 ・水の中に足を入れて動かす。 ・体に水をかける。 ・プールの中を歩く。 ・水に浮くボールを取ったり，水中の物を拾ったりする。 ・大きなビート板を使って水に浮く。	・安全のため，入水前は必ずプールサイドに座るよう指示する。 ・プールの水を自分で少しずつ体にかけるように声をかける。 ・座った姿勢から後ろを向いて，プールサイドに手をついて入ることを確認する。 ・一人で歩くのが怖いときは，教師の肩につかまったり，プールの側壁につかまったりしながら歩くようにする。 ・除々にボールを遠くに浮かべたり，あごが水につくぐらいで取れる大きさの物を水の中に沈めたりする。 ・怖がるときはビート板を教師が手で支える。	
【Bさん】 バタ足で25mに挑戦しよう（習熟度別学習）		
2 バタ足で25mを泳ぐ。 ・ボビング（息つぎ）の練習をする。 ・ゴールに立つ教師を目標に泳ぐ距離を伸ばしていく。	・教師がBさんの手をつなぎ，ボビングを確認する。 ・教師がゴールの壁側に立ち，Bさんが泳いできたら手を支えてゴールの壁まで引っ張り，目標まで泳げたことを褒める。 ・Bさんのスタートの位置を徐々に遠くにして，泳ぐ距離を伸ばしていく。	

3 友達とプールの中で遊ぶ。	・上級生に，Aさんのビート板を引いたり，頭や体全体にじょうろでやさしく水をかけたりするよう依頼する。	・浮島で遊ぶときは，危険な遊び方はしないことを確認する。 ・散水ホースを使用する順番は，教師が決める。
4 シャワーを浴びて着替えをする。	・拭き残しがないように声をかける。	・水泳帽子を脱ぎ，頭や体を洗うよう声をかける。

6 評価

・Aさんは，大きなビート板で浮くことができたか。
・Bさんは，息つぎをしながらバタ足で25m泳ぐことができたか。
・みんなで楽しく安全に水遊びができたか。

7 授業の様子

散水ホースから水を発射

大きいビート板は，顔が水につかないので安心

みんなと浮島で
遊ぶのは楽しいな

〈楯　正己〉

特別支援学級・中学校

誰もが25mを泳げるようにしよう
~より長く，より速く，よりきれいに~

1 ねらい

○水に親しみながら体を動かし，水中運動の基礎となる動きや感覚を身に付ける。
○健康の保持増進，体力の向上を図るとともに，その大切さを知り，生涯にわたりスポーツを楽しめるようにする。
○衛生面やマナーに気を配り，ルールを守って安全に楽しみながら学習に取り組むことができる。

2 学習活動

(1) 水に慣れる
 ・安全を意識し，水中で歩く，潜る，浮く，息を吐く，目を開ける，伏せ浮きから両手足をゆっくり下ろすことで水底に足が着く等の感覚と動きを身に付ける。
 ・水中での感覚に慣れ親しみ，ゲームを楽しむ（水かけ，水中じゃんけん，碁石拾い，流れるプール等）。

(2) 泳ぐ感覚と楽しさを味わう
 ・トンネルくぐり，け伸び，面かぶり
 ・ビート板や足ひれ等の補助具を使用し，泳ぐ感覚を味わう。

(3) 泳ぐための基礎的な動きを習得する
 ・プールサイドより2～3m離れた場所からプール壁面に向かい泳ぐ。面かぶりで少しずつ距離を延ばす。
 ・バタ足や手で水をかくことで，早く目標に到達することを知る（ただし，手をかくことで，面かぶりよりも距離が短くな

ることもあるが，経験を重ね，面かぶりクロールへ発展させる）。
(4) **息継ぎを習得する**
・陸上で動きを確認後，ビート板を使い，泳ぎながら息つぎのタイミングとリズムを覚える（前向き呼吸，横向き呼吸）。
・クロールの息つぎを習得する（前向きの腕かき泳ぎ，前向き呼吸の段階を経てから習得する生徒も多い）。
(5) **長い距離を泳ぐ・速く泳ぐ**
・自己の力に応じた泳ぎで長い距離を泳ぐ。
・余分な力を抜いてきれいに泳ぐ，速く泳ぐ。
・様々な泳ぎ方を身に付ける（平泳ぎ，背泳，バタフライ等）。
・リレーや記録会，着衣水泳の実施

3 指導上の留意点

○健康管理と衛生面，身だしなみ，エチケット，着替えと整理等の指導をする。また，周囲の状況を見て，安全面を意識させ，教師の指示や順番，合図等のルールを守って活動させる。
○生徒の学習課題に合わせグループ別など，指導形態を工夫する。
○生徒の実態に合わせ，学習のねらいや活動を学習ボードにわかりやすく示し，見通しをもって学習活動に取り組めるようにする。
○興味や関心を引くような教材・教具の活用や，仲間との競争や協力することの喜びが味わえる活動を工夫する。
○補助具を活用する際には，生徒の能力や用具の用途に合わせ適切に使用する。足ひれなどは，バタ足の動きを改善し，推進力を味わうのにとても効果的だが，どの補助具も使い方によっては危険性もあるので十分に注意する。
○生徒たちの意欲的な表情や活動に対して，タイミングのよい評価と声かけをする。課題が達成できなかった生徒に対しても，達成するためのポイントを理解させ，次に向けて意識付けを行う。ま

た，個人内評価のできる評価表の工夫をする。

❹ 題材名「より長く，より速く，よりきれいに泳ぐ」

●ねらい
・水に親しみながら体を動かし，水中で歩く，潜る，浮く，泳ぐことができる。
・クロールまでの段階的指導の中で，個々の能力に応じた個人目標を設定し，長い距離を泳ぐことができる。
・水泳を行ううえでの，衛生面やマナー，エチケット等に気を配り，ルールを守って安全に学習に取り組むことができる。

●指導計画（全20時間）

1　水に慣れる
・水面に顔をつけたり，水に潜りながら，息を吐いたり，目を開けたりする。 ・水中でのゲームを楽しむ（水中じゃんけん，碁石拾い等）。
2　泳ぐ感覚と楽しさを味わう
・け伸び，面かぶり等，水面を泳ぐ姿勢を保つことができる。 ・ビート板や足ひれ等の補助具を使用し，推進力を感じながら泳ぐ感覚を味わう。
3　泳ぎの基礎な動きを習得する
・面かぶりでバタ足の力で少しずつ距離を延ばす。 ・両手・両足を組み合わせて泳ぐ。
4　息つぎを習得する（タイミングとリズム）
・ビート板を使って，泳ぎながら息つぎのタイミングを覚える。 ・クロールの息つぎを習得する。
5　長い距離を泳ぐ・速く泳ぐ
・個々の泳力に応じ目標を設定し，長い距離を速く泳ぐ。 ・クロール以外の泳法についての泳ぎ方に挑戦する。

6　自己の上達を確かめる，非常時の対応を学ぶ

・記録，計時等の役割を分担し，リレーや記録会を行う。
・着衣水泳等を経験し，非常時の対応の仕方を学ぶ。

5 個別の指導計画

●生徒の実態

	Aさん	Bさん	Cさん
指示理解	・一度の説明で理解できないこともあるが，疑問点は，自分から聞き直すことができる。	・指示にうなずき，聞き入る態度を示すが，理解できていないことがある。	・周囲の状況が気になり，集中が続かず，指示に合った活動から外れることもある。
運動面技能	・初めて経験することには動きがかたくなる。 ・体力があり，クロールで長く泳ぎ続けることができる。	・体は小さいが体力や持久力がある。 ・クロールの息つぎの時点で立ってしまうことがある。	・体に余分な力が入りすぎてしまい，脚部が沈みがちである。推進力が高まらない。
社会性	・決められたことを守る。 ・明るい性格で周囲とのかかわりも多い。	・自分の気持ちが表現できず，他人の意見に流されてしまうことが多い。	・人とかかわりたい気持ちが強い。 ・対抗意識が高く，順番などのルールが守れないことがある。
学習状況	・学習には積極的に参加し，向上心をもって参加している。練習量も豊富である。	・学習ボードを見ながら，自分で練習メニューを進めることができる。	・自分の課題や回数を一つ一つ確認しながら熱心に学習に取り組んでいる。

▶学習展開（第10時）

4・5	タイミングとリズムのよい息つぎで泳ぐ距離を延ばす		
ねらい	Aさん	クロールで長い距離をきれいなフォームで泳ぐことができる。50m×15本	
	Bさん	タイミングとリズムのよい息つぎをしながら、リラックスして滑らかな泳ぎができる。25m×15本	
	Cさん	補助具を利用し、体の余分な力を抜きながら長い距離を泳ぐことができる。25m×15本	

学習活動	個別の支援		
	Aさん	Bさん	Cさん
1 学習の流れと個々の目標を知る。	・本時の流れと前時のビデオを見てポイントとなる点を確認する。	・学習ボードに書かれた本時の学習内容と自己の課題を確認する。	・教師と一緒に学習ボードに書かれた本時の流れと課題を確認する。
2 準備運動を行う。 ・準備体操 ・水慣れ （碁石拾い） （面かぶり）	・集団全体の活動をリードさせる。 ・徐々に体を水に慣らしていく。	・指揮に合わせて同じ活動をさせる。 ・水深の浅い場所で活動させる。	・教師が横につき、一緒に行う。 ・順番やルールを守るよう声かけをする。
3 ビート板を使って泳ぐ。 A：横向き呼吸 B：前向き呼吸	・プールサイドに目印を置き、息つぎの方向を確認する。	・水中に沈めた目印に合わせ、リズムよく息つぎをする。	・足ひれを着け、正しいキックの動きを身に付ける。
4 課題別練習をする。	・50mごとにタイムとフォームについて助言する。	・プールサイドに目印を置き、息つぎの方向を意識させる。	・25mごとにおはじきで回数を確認する。

| 5 めあてを振り返る。
（整理運動） | ・本時と前時のビデオや記録を比較する。 | ・学習カードに本時の記録を記入する。 | ・教師と一緒に本時と前時の記録と比べる。 |

6 評価

・水に親しみながら体を動かし，自己の目標の距離を泳ぐことができたか。
・タイミングとリズムのよい息つぎで泳ぐことができたか。
・水泳を行ううえでの，衛生面やマナー，エチケット等に気を配り，ルールを守って安全に学習に取り組むことができたか。

7 授業の様子

〈岩瀬　敏郎〉

その他の運動

特別支援学校・中学部

わくわくボール広場
~生徒の思いから始まり,
　　思いに寄り添って進める授業づくり~

1 ねらい

○ボール運動のやり方がわかる。
○個々の思いに寄り添った支援を受けながら,ボール運動について興味・関心を高め,さらに達成感や満足感を得ることができる。
○活動の見通しをもち,安心して,精一杯その活動に取り組むことができる。

2 学習活動

(1) ランニング
・音楽(嵐「トラブルメーカー」)が流れてきたらランニングを開始する。
・ランニングの後半に生徒にとってなじみ深いキャラクター(チョウヨウサイダー)役の教師が登場し,一緒に走る。

(2) あいさつ
・全体でまとまって先生の話を聞く。
・いろいろな種目を,特大ボードを使って文字や図絵,写真等で確認し,見通しをもつ。

(3) 体操
・広がって,正面で大きな動きを示している先生の動きを見ながら体操(手足の曲げ伸ばし)をする。

(4) ボール広場
・前時の活動を思い出したり,冒頭の説明を聞いたりしたなかで自分のやりたい種目に取り組む。

・前時の姿から教師が推察した，生徒の思いに適した支援（演示，指差し，声かけ等）を受けながら，やりたいボール運動をじっくりと味わう。
(5) ストレッチ
・運動の時間の終わりを知り，音楽に合わせて教師の動きをまねしながら筋や腱を伸ばす。
・活動の終わりのあいさつをする。

③ 指導上の留意点

○「試しの活動」での姿をもとに，生徒の興味・関心が高まる活動（種目）を精選し，発展させて「わくわく広場」を体育館に設定する。
○集団活動や喧騒が苦手な生徒も，個々の興味・関心に合わせた活動を用意することで，短時間でも「やってみよう」という気持ちになれるようにする。
○教師が前時の活動の様子を振り返り，生徒がどんな思いでその活動を選んだり，選ばなかったりしたのか，さらには，その活動に対してどんな思いや願いをもって取り組んでいたのかを推察する。
○やり方の演示や友達の取り組んでいる姿の紹介，誘いの声かけ，称賛の声かけなどを行う。
○生徒が何を楽しみにしているのかをとらえて，必要に応じて状況を変化させる。（例）的を増やす。距離を離す。得点を付ける。一緒に競い合う。

④ 題材名「わくわくボール広場」

●ねらい
・ボール広場にある様々なボール運動のやり方がわかり，やりたい

種目を繰り返したり，上達を感じたりして満足感を味わう。
・活動に安心して参加する，仲間の活動を見る，応援する，ゲームをするなどして，仲間とボール運動に取り組む楽しさを味わう。

▶指導計画 （全14時間）

1 やりたいコーナーを見つけ，楽しむ（4時間）

・足でコントロールする「ドリブル君」，投げる「バスケット」「ストラックアウト」，転がす「コロコロスロープ」「ゴロゴロかいだん」「ジグザグドボン」「マジボーリング」「パタパタ君」，打つ「トスバッティング」「風船バドミントン」「ホールインワンゴルフ」などのコーナーが用意された体育館で，興味のある活動のやり方を知る。

2 様々なコーナーのやり方を知る（4時間）

・興味・関心のあるコーナー以外でも，友達の姿を紹介してもらったり，友達の誘いを受けたりして試してみようとする。
・様々なコーナーのやり方を知り，複数の場所で活動する。

3 やりたいコーナーに行き，繰り返し楽しむ（3時間）

・複数経験した活動の中からやりたいコーナーを選ぶ。
・的に当たる回数やゴールに入る回数を増やそうと繰り返し取り組む。
・ねらった場所に投げようとする。
・教師や友達とキャッチボールやラリーをする。
・教師や友達と当たった回数や場所を競う。

4 クラス対抗リレーゲームに参加する（3時間）

・やりたい活動を繰り返し行ったり，活動を広げたりしていく。
・得意な種目でクラス対抗リレーゲームに参加する。
・自分の順番になったら，友達とタッチして交代する。
・時間の後半では複数の友達や教師と風船バレーを行う。

5 個別の指導計画

●生徒の実態

	Aさん
走る 投げる 跳ぶ 蹴る 打つ	・朝の体育のマラソンでは中学部で一番のスピードで走っている。昨年度は足を捻挫して走れない時期もあったが，12月のマラソン大会では長距離のコースを走りきった。 ・「サッカー大会をやろう」の単元では，ドリブルをとても上手にやっていた姿がある。 ・器械運動は跳び箱にも意欲的に取り組んでいた。 ・「打つ」運動は経験したことがない。
リズム ダンス	・リズム，ダンスなど音楽と合わせた活動に，とても積極的に参加している。 ・器械体操のときに流れた好きな曲「ミツバチ」のときには担任と手をつないで踊る姿があった。 ・体もよく動かせるが，好きではない曲のときや，相手をする人がいないときには体を動かさないこともある。
社会性	・慣れた相手とのやりとりを好み，特定の相手とでないと活動が進まないことがある。 ・自分の気持ちを言葉で表現することは苦手だが，選択肢があれば即答できるよさがある。 ・あいさつは恥ずかしがっていたが，友達とも教師ともハイタッチしながら言えるようになってきた。 ・友達と遊ぶのは苦手な方だが，イタズラやちょっかいを皮切りに友達とコミュニケーションをとれるようになってきた。

●学習展開（第9時）

3	やりたいコーナーに行き，繰り返し楽しむ	
ねらい	Aさん	トスバッティングで的に当てようと，繰り返し打つことができる。

わくわくボール広場 157

学習活動	個別の支援
	Aさん
1 ランニング	・いつもの通り，ランニングの曲「トラブルメーカー」に気づいて走り始める。 ・学校祭キャラクターのチョウヨウサイダーが登場したら一緒に走る。
2 あいさつ 　 体操	・あいさつをしたあと，教師の演示を見ながら準備体操をやる。
3 めあてをもつ	・特大ボードでコーナーの配置を確認する。
4 ボール広場	
・前時の活動を振り返る。	・前時の活動（ゴルフ・ボウリングなど）で先生と勝負したことを思い出す。
・今日のコーナーの選択をする。	・どのコーナーをやりたいか選ぶ。躊躇するときは教師の声かけに応じて選ぶ。
・選択した活動に存分に取り組む。	・繰り返し満足するまでそのコーナーの活動を楽しむ。他にもだれかいれば，教師や友達とのかかわりも楽しむ。
5 ストレッチ	・音楽が聞こえたら整理体操を始める。教師の声かけによりその日の活動を振り返る。

6 評価

・やりたいコーナーを選ぶことができたか。
・選んだ活動で繰り返し活動にひたって楽しむことができたか。

7 授業の様子

写真1　トスバッティングで的をねらう

写真2　ジャストミートで満面の笑み

〈土松　丞司〉

特別支援学校・高等部

柔道：受け身を身に付け安全に試合をしよう
～前回り受け身を体感しよう～

1 ねらい

○ 柔道衣の着脱を通して，身だしなみを意識し日常の基本的生活態度を身に付ける。
○ 柔道を通して礼儀正しい態度を身に付け，相手を尊重する態度を養う。
○ 基本的な受け身を身に付け，安全に技をかける，かけられることができる。

2 学習活動

(1) **柔道への心構えを身に付ける**
　・柔道着を正しく着る，たたむ。
　・正座，黙想を通して，気持ちを切り替えて集中する。
　・練習や試合の場面においての礼法を身に付ける。

(2) **けがの防止をする**
　・補強運動（柔軟運動，筋力トレーニング等）を通して，柔道に必要な機能を高めけがを防止する。

補強運動の例《マット（押す・引く・転がす）えび，しぼり，他》

160　その他の運動

(3) 安全確保の方法を知る
- 身の安全を確保するために，段階的に受け身をする。

後ろ受け身 ⇒ 横受け身 ⇒ 前受け身 ⇒ 前回り受け身 ⇒ 対人

(4) 教員や生徒同士で組んで技を練習する
- 組み手で，足さばき，体さばき，崩しの方法を知る。
- 教員と組んで技をかける，かけられる。
- 生徒同士で組んで技をかける，かけられる（技の種類：体落とし，大外刈り，袈裟固め）。
- 覚えた技を，約束稽古や自由練習（乱取り）で行う。

(5) 試合をする
- 単元のまとめとして全校で試合（柔道納め）をし，成果を発表する。

3 指導上の留意点

○柔道着のたたみ方や帯の結び方ついて，視覚優位の生徒については写真カード（下図）を利用する。

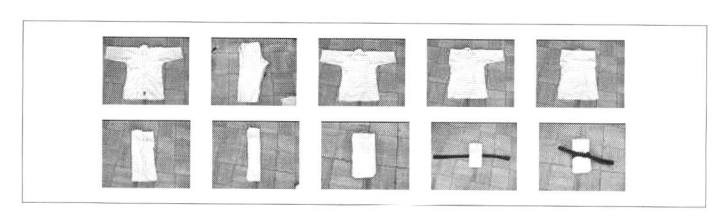

○礼法及び受け身は，毎時間反復して取り組むことで定着を図る。
○補強運動では，生徒の実態に合わせて教材，教具を工夫する。
○受け身では，生徒の実態に合わせて，教員の支援や補助具，言葉かけを工夫する。

○組み手は右自然体で行い，生徒によっては柔道着のつかむ場所をテープで示す（右図）。
○投げ技は「体落とし」「大外刈り」を右掛けと限定し技の習熟を図る。右掛け左受け身にすることで，受け身の方向が限定され，指導者が生徒の安全を確保しやすい。

・試合では教員2名を審判員と補助員として配置する。
・教員は，生徒が頭を打たないように，常に動きながら安全の確保をする。
・技を限定することで，生徒の動きが予想しやすく，いつでも手を差し出せる。

○単元のまとめとした試合（柔道納め）では，障害に合わせて種目を設定し，だれもが参加できるようにする。

演技発表	マット倒し	教員組手	個人戦	団体戦
＊学年ごとに発表	＊個別に配慮の必要な生徒		＊生徒同士技の習熟度別に対戦	

4 題材名「前回り受け身を体感しよう」

●ねらい

・前回り受け身を身に付けることで，技を安全に受け，投げ技において技能の向上が期待できる。
・補助具（ロールマット，バランスボール等）を使用することで，だれもが安心して安全に取り組むことができる。
・補助具を使用して前回り受け身の感覚を身に付けることで，補助

具を外したときでも躊躇なく取り組むことが期待できる。

● **指導計画**（前回り受け身に限定した指導展開）（5〜15分／1時間）

1	基本の受け身を身に付ける

・後ろ受け身，横受け身，前受け身を体得する（頭部を打たない，腹部に力を入れて体をくの字型に保つ，手と腕全体で畳を強く打つ）。
・横受け身では畳に足を打ちつける感覚を身に付ける（横転から横受け身を行うなかで手と足をスムーズに畳に打てるようにしていく。少しずつ高い姿勢からできるようにする）。

2	左手の着き方，右手の通り道，顔を向ける方向を確認する

・ロールマット（図参照）にお腹を乗せて，手の位置，顔の向きを確認する（教員がロールマットをゆりかごのように揺らして繰り返し何度も行う）。

3	前回り受け身の感覚を身に付ける①

・教員がロールマットの回転スピードを調整しながら，手の着く位置，顔の向き，畳に体が触れる部分をゆっくり確認しながら，感覚を身に付ける。
・慣れてきたら教員がロールマットを勢いよく回転させて，一連の動きを体得する（技を右掛けに限定しているので，一方向のみ繰り返して練習する）。

4	補助具を使って前回り受け身の感覚を身に付ける②

・ロールマットでスムーズな受け身ができるようになったら，次はバランスボールで，自分から踏み込んで行う。

5 前回り受け身をする①
・目標物（人や物）を置いて行う。 ・目標物があることでお腹の空間を意識する。
6 前回り受け身をする②
・その場から，前回り受け身を行う。 ・移動して前回り受け身を行う。 ・障害物を飛び越えて前回り受け身を行う。

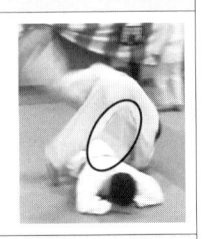

5 個別の指導計画

●生徒の実態

	Aさん	Bさん
関心 意欲 態度	・柔道に興味があり意欲的である。 ・新しいことに積極的に取り組む。	・積極的ではないが楽しめる。 ・課題に対して真面目に取り組む。
思考 判断	・模範を示すことで動きがイメージできる。	・繰り返し声をかけることで，動きの修正ができる。
運動の技能	・マットで前転ができる。 ・基本的な受け身を正確にでき，投げ技も安全に受けることができる。	・マットで前転ができない。 ・受け身はひととおりできるが正確ではない。 ・投げ技の際は教員を配置する。
知　識	・勝敗や試合のルールがわかる。	・勝敗や試合のルールがわかる。

●学習展開

3	前回り受け身の感覚を身に付ける①	
ねらい	Aさん	手の着き方や体が畳を通る部位を意識して正しく行う。
	Bさん	手の着き方と顔の向きだけを確認しながら安全に行う。

学習活動 (15分／1時間)	個別の支援	
	Aさん	Bさん
1　学習の流れを知る。	・見本を示す。 ・質問があるか促し，理解できているか確認する。	・見本を示す。 ・指導者が個別に質問して，理解しているか確認する。
2　指導者がロールマットをゆりかごのように揺らして，手の着き方，顔の向きを確認する。	・正確にできていないときは，運動しながら口頭で指示をして修正する。	・マットをゆっくり動かして，その都度確認する。修正が必要なときは活動を止め，手を取り再度確認する。
3　指導者がロールマットを回転させて，一連の動作で前回り受け身のイメージを体感する。	・最初はゆっくり，体が畳に触れる部位を確認しながら行う。安全が確認できたら，マットを勢いよく回転させて，よりスムーズな回転に近づける。	・マットの回転スピードを遅くしながら，安全を確認する。一連の動作の中でよりスムーズな回転に近づける。顔を向ける方向に指導者を配置し意識を向ける。

6 評価

・正しい手の着き方ができたか。
・顔を向ける方向を意識して頭を打たないでできたか。
・一連の動きのなかで，前回り受け身のイメージがもてたか。

〈加部　務〉

特別支援学級・小学校

ゴール目指してシュートしよう
～ボールを動かすためのスティック操作～

1 ねらい

○用具を操作しながらボールを動かし，簡易化されたゲームをする。
○簡単なきまりを守り，友達と協力して安全に活動をする。
○運動を通して明るく楽しい学校生活をしようとする。

2 学習活動

(1) **ランニング**
　・体を温めたり，次の活動に取り組む心の準備をしたりする。
(2) **ラジオ体操**
　・安全に運動するために，体の様々な部分を大きく動かす。
(3) **シュートゲーム**
　・スティックを操作して，ゴールに向かってシュートする。
　・グループに分かれることで，体力に応じたねらいに向かってシュートゲームを行う。
　　①ねらいに向かって，それぞれのペースでシュートをする。
　　②グループ対抗で，シュートゲームをする。
　　③それぞれのグループごとに努力した子どもや，伸びが見られた子どもを紹介し合う。
(4) **ユニホックのゲーム**
　・1～6年生までの子どもたちを学年を超えて紅白に分けて，ゲームをする。5名ずつ指名をしてゲームを行う。

【ゲームのルール】
・コート中に散らばっているボールを，ゴールにシュートしたら1点。ただし，チャンスボールは5点。

③ 指導上の留意点

○ ランニングは，子どもたちの好きな曲や気分が盛り上がる曲を使用することで，意欲の喚起を図る。健康上，配慮が必要な子どもについては，保護者や担当医と可能な運動量について確認をする。

○ ラジオ体操を年間を通じて行うことで，大まかな動きを理解できるようにする。1時間ごとにポイントとなる動きを一つだけ提示し，大きく動かすことの理解や定着を図る。

○ 用具の準備や片付けでは，自分たちで活動できるように，それぞれの役割を固定化する。

○ 子どもたちが打ちやすい大きさのボールを使用する。また，カラフルな色のボールを使用することで意欲化を図る。

○ シュートゲームでは，グループごとにラッキーボーイ・ガールをクジで決め，その子が入れたシュートは5点にすることで，ゲーム性を高める。また，ラッキーボーイ・ガールには，紅白帽子に星（☆）のシールを貼ることで，みんなにわかるようにする。

○ 努力した子どもや伸びが見られた子どもを紹介する際には，みんなで賞賛している雰囲気をつくり，紹介される子どもの満足感を高められるようにレイを掛ける。

○ グループの子どもたちの技能，意欲等を考慮して，様々な大きさのゴールを準備することで，シュートする楽しさや適度な手応えを感じることができるようにする。なお，それぞれのゴールの大きさがイメージできる動物のイラストをゴールに掲示した。

○ ゴールに向かって，体が横向きになるように足型マットを準備したり，ボールを置く場所がわかるように床に印を付けたりする。

④ 題材名「ゴール目指してシュートしよう」

●ねらい
・ゴールに向かってシュートする経験を通して，スティックを操作することができる。
・友達と協力して，安全に運動の準備や片付けをすることができる。
・友達や教師と，運動を通した楽しい時間を過ごそうとすることができる。

●指導計画（全8時間）

1　オリエンテーション（1時間）
・スティックの持ち方や動かし方を確認する。 ・シュートゲーム等の活動を確認する。
2　ねらってポン（2時間）
・止まっているボールをゴール目指して，シュートする。 ＊第3時は，ゴールまでの距離を延ばす。
3　はこんでポン（2時間）
・スティックでボールを転がして進み，ボールをシュートする。 ＊第5時は，ボールを運ぶ距離を延ばす。
4　はしってポン（2時間）
・走りながら，ボールを転がして進み，ボールをシュートする。 ＊第7時は，走る距離を延ばす。
5　お家の人と　たたかおう！（1時間）
・ユニホックゲームを保護者と楽しむ（授業参観日に実施）。

5 個別の指導計画

▶児童の実態

学習状況	Aさん	Bさん	Cさん
操作をしてのボール運動にかかわること	手でボールを転がすことができる。	独自の持ち方でスティックを持ち，ボールに触れることができる。	スティックで，止まっているボールを打つことができる。
日常の生活での運動にかかわること	大人と手をつないで，長距離を歩くことができる。	一人遊びを好み，ブランコを楽しむことができる。	友達と追いかけっこをして，楽しむことができる。
きまり，安全にかかわること	繰り返し経験したことを，教師の声かけにより，行うことができる。	きまりを確認した直後は，意識して守ろうとすることができる。	自分の身の安全に気を付けることができる。

▶学習展開（第3時）

2 ねらってポン		
ねらい	Aさん	教師と共にスティックを持って，シュートすることができる。
	Bさん	ゴールに向かって，スティックでボールを打つことができる。
	Cさん	立ち位置に気を付けながら，ゴールをねらって打つことができる。

学習活動	個別の支援		
	Aさん	Bさん	Cさん
1 ランニング	・教師が並走することで，10分間走ることができ	・途中で教師とタッチしたり，声をかけたりする	・周数を数えることで，10分間走ることができる

ゴール目指してシュートしよう 169

		るようにする。	ことで10分間走ることができるようにする。	ようにする。
2 ラジオ体操		・教師が目の前で行うことで,模倣することができるようにする。	・大きな動きで体操をしている場合に賞賛する。	・ポイントとなる動きを,一連の体操のなかで,できるように声かけを行う。
3 あいさつ・学習内容の確認		・友達の声に合わせて,礼をするように声かけする。	・元気な声で返事をしたり,素早い行動をしたりすることを賞賛することで,意欲化を図る。	
4 運動遊び「ねらってポン」		・ボールを打つことができるように,教師が一緒にスティックを持つ。	・ボールを置く場所を明確にするように,床にビニールテープで印を付けておく。	・ゴールに向かって体が横向きになるように,足型マットを使用する。
5 ユニホックゲーム		・教師が一緒にゲームに参加する。	・自分がねらうゴールを個別に確認することで,ゲームに参加できるようにする。	・直前の活動での動きが表れるように,教師が「ねらってポン」と声かけする。
6 振り返り		・話している人を見るように視線誘導する。	・友達をモデルにして,楽しかったことを話したり,発表している友達に拍手したりすることができるようにする。	・自分のがんばったことだけでなく,友達のよさを発表できるように声かけを行う。

6 評価

- ゴールをねらい,スティックを操作してシュートすることができたか。
- 友達と協力して,安全に運動の準備や片付けができたか。
- 友達や教師と一緒にゲームに参加することができたか。

7 授業の様子

運動遊び「ねらってポン」

> ボールの打つ動作を「ポン」と言語化(オノマトペを使用)することで,動きがイメージできた!

足型マットを使用

> 足型マットに乗って打つと,ゴールをねらいやすいなぁ。たくさん入るよ。

ユニホックゲーム

> 体育館に転がっているボールをたくさんシュートした方が勝ちだ。みんなで協力して,たくさん入れるぞ!

〈田代　由希〉

健康・安全指導, 性の指導

特別支援学校・高等部

身に付けよう「あたりまえ防災」
～災害発生時や二次避難の知識を体で覚える～

1 ねらい

○自然災害発生時に備え，正しい避難行動を覚えることができる。
○二次災害に備え，周囲の状況から判断し安全に避難する方法を考えることができる。
○地域特性や過去の大きな災害から学び「わがこと」意識をはぐくむ。

2 学習活動

(1) 地震発生時の避難行動について知る。
(2) 頭を守る大切さを知る。
(3) 二次避難のときは，靴を履くことが大切であることを知る。
(4) 沿岸部の地震は，とにかく逃げて戻らないことを知る。
(5) 津波からの避難は，早く高く逃げることを知る。
(6) 以下の詞をリズム（体）で覚える。

> あたりまえ　あたりまえ　あたりまえ防災
> 地震の時は　「ダンゴムシ！」　あたりまえ防災
> 忘れちゃいけない　「頭を守る！」　あたりまえ防災
> 逃げる時に大切なのは　「靴！」　あたりまえ防災
> 海の近くで地震が来たら「とにかく逃げっぺ！（宮城県石巻市の言葉）」　あたりまえ防災
> どこに逃げっぺ　「早く！　高く！」　あたりまえ防災
> 「落ちてこない」「倒れてこない」「移動してこない」「命を守る」

> あたりまえ　あたりまえ　あたりまえ防災
> 「がんばっぺーす！（岩手県宮古市の言葉）」

(7)　地震からの避難では，「落ちてこない」「倒れてこない」「移動してこない」空間に低い姿勢で身を寄せることを知る。（文部科学省『学校防災マニュアル（地震・津波災害）作成の手引き』2012年）
(8)　阪神・淡路大震災や東日本大震災をつなぐ言葉や歌から，自分の命を守ることに主体的になる。

③ 指導上の留意点

○生徒が好きな曲やリズムを使用する（校歌や学校行事のテーマソングで，前述の詩の内容を盛り込んだ替え歌を作成する等）。
○一緒に振り付けを考え，主体的な取組になるようにする。
○生徒の様子によっては，曲のテンポを遅くして取り組み，特にダンゴムシのポーズや頭を守ることについては，正しい動きを覚えるように繰り返す。
○大震災等，過去の災害をつなぐ言葉の使用については，地域性を鑑み，心理的な配慮を検討する。

④ 題材名「あたりまえ体操／COWCOWで『あたりまえ防災』を覚えよう」

●ねらい
・ダンゴムシや頭を守る姿勢をとることができる。
・できるだけ早く靴を履くことができる（靴を脱いでおく）。
・走る，膝を高く上げる動作をすることができる。
・リズムに合わせて楽しく体を動かすことができる。
・言葉と動作の関連付けをすることができる。

●指導計画 (全6時間)

1　振り付けを考える
・「ダンゴムシ」「頭を守る」ことについては，正しい姿勢を覚えることを優先する。 ・「逃げる」「早く，高く」「落ちてこない」「倒れてこない」等については，生徒の関心やイメージを優先し，教室の広さや人数，生徒の様子等を考慮して一緒に考える（意識の高い生徒がいる場合は，事前に一緒に考え，導入等で手本を示す）。
2　正しい動きを覚える
・教師が手本を示したり，一緒に取り組んだり，手を添えて動きの補助をしたりする。
3　曲に合わせて動く①（遅いテンポ）
・生徒の様子に合わせて，遅いテンポから始める。 ・靴の着脱が難しい生徒は，靴を指し示したり触れたりすること等の振り付けにする。
4　曲に合わせて動く②（通常のテンポ）
・「地震＝ダンゴムシ」「逃げる＝靴」というように，リズムで楽しく覚えられるようにする。
5　ビデオ撮影及び鑑賞をする
・自分や友達が行っている様子を見ながら振り返り，大震災の教訓や様々な状況下で起こることの説明を加える。
6　応用編を考える
・近くに机やかばん，ヘルメットがあった場合，何もないときには手で空間をつくって頭を守ること，廊下や階段にいたときの姿勢（手すりや机の脚を持つ等）について実施したり説明したりする。 ・キャスターが付いていて，「移動してくる物」が多くある音楽室やプレイルーム等の場所で実施をする。 ・高層ビルやゲームセンター，電車に乗っているとき等の映像や写真に，火山・竜巻・洪水・液状化等の地域特性を加え，校外学習や修学旅行，自宅にいるとき等に応用できるようにする。

- 「地震のときはー？」と語尾を伸ばして教師が言い，生徒から「ダンゴムシ！」と先に言葉や振りが出るようにする。
- 「イカアシ・オカシモ・イカノオスシ」を参考にする。（国崎信江監修『歌でおぼえる防災・防犯／もしものときのうた』ビクターエンタテイメント，2012年）

⑤ 個別の指導計画

●生徒の実態

	Aさん	Bさん
社会性	・休日に電車やバスを利用して，一人で県外まで出かけることができる。	・環境の変化に弱く，特定者へのこだわりが強い。職員室の出入り等のあいさつができる。
学習状況	・被災地に送るための物作りに参加する等，災害に対する意識は高い。 ・球技は苦手であるが，みんなと一緒に体を動かすことに意欲的である。	・ソフトボールのキャッチボールやラジオ体操，避難放送で机の下に入ること等，経験を積んで覚えたことは，確実に身に付いている。

●学習展開（第4時）

4　曲に合わせて動く②（通常のテンポ）		
ねらい	Aさん	みんなの前で手本を示し，意欲的に学習に参加することができる。災害に対する意識を高めながら，学習に参加することができる。
^	Bさん	曲のテンポに遅れないで，覚えた動きを正確に行うことができる。

学習活動	個別の支援	
	Aさん	Bさん
1 学習の流れを知る。	・話を聞いて流れを知る。	・平仮名で学習の流れが書かれた紙を見て理解する。
2 めあてをもつ。 ・テンポに合わせて踊る。 ・歌と踊りを覚える。	・ホワイトボードに書かれためあてを読む。	・めあてを，指導者と一緒に復唱する。
3 ゆっくり踊り，歌詞と振り付けの確認をする。〈写真1〉 ・教師や友達の手本を見る。	・みんなの前で手本をする。	・指導者の後ろに立って（向かい合って）振り付けのまねをする。
・イラストや代表生徒が作成したDVDを見る。〈写真2，3〉	・自分が出ているDVDを見ながら意欲的に踊る。 ・前に出て手本を示したことを評価する。	・他の指導者が，まねをしていた様子を評価する。
4 通常のテンポで踊る。 ・二つのグループに分けて見合う。 ・評価する。	・テンポに遅れないように，歌いながら踊る。 ・めあてに沿って踊れたか発表する。	・少し早めに動作をする指導者のまねをしながら踊る。 ・上手にできていた人を発表する。
5 めあてを振り返る。	・自己評価をしたあとに指導者の評価を聞く。	・指導者が平仮名で書いた評価を一緒に読む。

6 評価

・テンポに合わせて踊ることができたか。

- 歌詞や踊りを覚えることができたか。
- 災害に備える意識が高まったか。

❼ 授業で使用した教材・教具

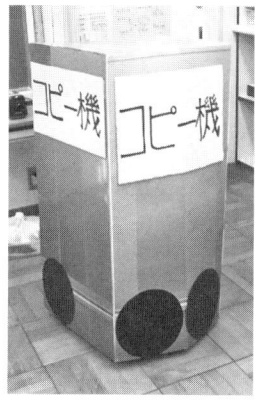

写真1 「移動してこない」をイメージしやすいように，中に教師が入って動く

写真2 河北新報「防災・減災のページ」2013.1.11

写真3 「あたりまえ体操／COWCOW」防災バージョン♪の紹介DVD：東金特別支援学校の生徒会役員が作成

〈瀧川　猛〉

身に付けよう「あたりまえ防災」　179

特別支援学校・小学部

自分の体を知ろう
～男女のちがいを知ろう～

1 ねらい

○自分の体のことがわかり，体をきれいにしたり身だしなみを整えたりする方法を身に付ける。
○自分や周りの人について関心をもち，自分の成長や周りの人とのかかわり方を知る。
○自分の体について知り，体を健康にしようという気持ちをもったり，自分の成長を喜んだりする。

2 学習活動

(1) **自分の性別について知る**
  ・実際にトイレに行き，自分が使っている場所のシンボルマークを見る。
  ・男女の体のイラストやシンボルマークに自分の写真を貼る。
(2) **男女のかかわり方や行動の仕方を知る**
  ・適切でない男女のかかわり方や行動の仕方についてDVDを見て，マナーや約束事を考えたり，相手の気持ちを考えたりする。
  ・「握手」や「ハイタッチ」等をロールプレイで行い，適切な男女のかかわり方や行動の仕方を経験する。
(3) **適切なかかわり方や行動の仕方を発表する**
  ・提示されたイラストの中から，適切なかかわり方や行動の仕方を選び発表し，クラス全体でかかわり方や行動の仕方を共有する。

③ 指導上の留意点

○実際にトイレに行ったり,イラストやシンボルマークを使ったりすることで,視覚的に男女の違いがわかるように配慮する。
○男女間のかかわり方で,適切でない場面をDVDで見たり,適切な行動の仕方を擬似経験したりすることでわかりやすく伝える。
○DVDを見る際は,見たり触られたりしたときの相手の反応に注目できるようにする。また,「見られていいかな?」等のヒントになる言葉かけをし,「嫌だ!」「恥ずかしい!」等の言葉を引き出すようにする。
○ロールプレイを行う場合は,「見ない!」「見せない!」等行動を制限するだけでなく,「名前を呼ぶ」「握手やハイタッチをする」等の適切な行動を実際に行うことができるようにする。
○DVDやロールプレイを使用することで,自分自身の行動を振り返ったり,考えたりする場を設定する。また,自分で適切な行動に気づいたり,友達と学び合ったりできるように進める。

④ 題材名「男女のちがいを知ろう」

●ねらい
・男女の体の違いについて知る。
・男女で使用する場所の違いやかかわり方について知る。
・異性を意識した行動をしようとする気持ちをもつ。

●指導計画(全2時間)

1 プライベートゾーンを知ろう
・家族や友達,教師の顔写真を男女に分ける。 ・板人形に下着や洋服を着せたり脱がしたりしながら,プライベートゾーンを示す。

自分の体を知ろう 181

- プライベートゾーンの部位名を言う。
- 人のプライベートゾーンを見たり，触ったりしてはいけないことをロールプレイで行う。

2 かかわり方を知ろう

- トイレや更衣室のシンボルマークを見て，自分が入る方を選択する。
- 適切でないかかわり方，行動をDVDで見る。
- 適切なかかわり方，行動の仕方をロールプレイでしてみる。
- 適切なかかわり方，行動の仕方を絵カードの中から選択する。

5 個別の指導計画

●児童の実態

	Aさん	Bさん	Cさん
男女の区別	男女の仲間分けされたボードに自分の写真カードを貼ることができ，トイレ等のシンボルマークも男女の区別をすることができる。	自分や友達・身近な大人の性別がわかり，「おとこ」「おんな」と言葉で答えられる。トイレ等のシンボルマークも男女の区別をすることができる。	自分や友達・身近な大人の性別がわかり，「おとこ」「おんな」と言葉で答えられる。トイレ等のシンボルマークも男女の区別をすることができる。
異性へのかかわり方	異性として意識した行動はまだ見られない。男女の区別なく身近な大人や友達が側にいると，寄り添ったり膝に座ったりすることがある。	異性として意識した行動はまだ見られず，安心感の表れやこだわりともとれるが，男性の教員等に寄り添ったり，女性の髪を触ったりすることがある。	異性として意識した行動はまだ見られず，優しさや安心感の表れともとれるが，友達の手を触ったり寄り添ったりする行動がよく見られる。

●学習展開

2 かかわり方を知ろう		
ねらい	Aさん	・自分の性別がわかる。 ・教師と一緒にかかわり方や行動の仕方を絵カードで選ぶ。
	Bさん	・自分や友達の性別がわかる。 ・適切なかかわり方や行動の仕方をロールプレイでできる。 ・教師の質問に答えながら,適切なかかわり方や行動の仕方を絵カードで選ぶ。
	Cさん	・家族,友達等周りの人の性別がわかる。 ・適切なかかわり方や行動の仕方ができる。 ・自分で,適切なかかわり方や行動の仕方の絵カードを選ぶことができる。

学習活動	個別の支援と形成的評価		
	Aさん	Bさん	Cさん
1 本時の学習内容を知る。			
・男女のシンボルマークを見分ける。	・できるだけ自分で写真を貼れるように言葉をかける。	・トイレで使う場所に自分の写真を貼る。	・トイレで使う場所に自分の写真を貼る。
・教師の話を聞く。	・絵カードを見たり教師の話を聞いたりすることについて知る。	・絵カードを見たり教師の話を聞いたりすることについて知る。	・教師の話を聞いたりして学習する内容について知る。
2 男女のかかわり方や行動の仕方を知る。			
・かかわり方や行動のDVDを見る(写真	・DVDを見ながら,内容についての言葉かけをする。	・DVDの内容について教師が質問しながら見るようにする。	・DVDの内容について「恥ずかしい」「だめだね」などの発言

自分の体を知ろう 183

1）。 ・適切なかかわり方や行動の仕方をロールプレイする（写真2）。	・教師と一緒にロールプレイをしながら「ハイタッチ」や「握手」などのかかわり方を経験する。	・適切なかかわり方を絵カードで選び，ロールプレイをする。本人がわかっていないようであれば，場面を限定し，繰り返し行うようにする。	を引き出すようにする。 ・自分の行動やDVDで見た行動等を振り返ることができるように場面の設定を行い，教師が気持ちや意見を聞きながらロールプレイを行うようにする。
3 まとめをする。 ・適切な行動の仕方の絵カードを選ぶ（写真3，教材1・2）。	・教師の話を聞きながら絵カードを選ぶようにする。教師と一緒に選ぶことで安心感をもてるようにする。	・2枚の絵カードから適切な行動の仕方の絵カードを選ぶ。できるだけ自分自身で選べるようにする。	・絵カードから適切な行動の仕方を自分で考えて選ぶ。適切なカードを選択できたら，称賛し，自分の行動に自信がもてるようにする。

6 評価

・使用するトイレのマークに自分の写真を貼ることができたか。
・DVDやロールプレイを見ながら，「恥ずかしい！」「だめ！」などの言葉が聞かれたか。
・適切な行動として，「握手をする」「ハイタッチをする」「名前を呼ぶ」などができたか。
・適切な行動のイラストを選ぶことができたか。

7 授業の様子

写真1

写真2

写真3

教材1

教材2

〈田口　眞弓・堀　克彦・上田　尚子・開　珠美・坂田　信吾・田中　真季子・山中　祐造・井上　香菜美〉

自分の体を知ろう　185

体育・保健体育の指導に配慮と工夫を

1 健康な習慣の確立

　知的障害教育では，教科等を合わせた指導の形態で体育の内容を指導することが多い。日常生活の指導のように生活科の内容や自立活動の内容，体育の内容などを合わせて，健康に留意した生活習慣の確立を図ることが大切である。これらのことは，中学部や高等部の指導内容にある健康や安全に関する事柄の理解につながっていくことを考慮して取り組んでいくことが必要である。

　同様に，食習慣についても学校における取組が重要である。学校全体における食育と体育・保健体育の関連を図り，健康・安全と食生活，運動習慣などを関係付けた指導を展開する。

　また，生涯にわたって自分の健康を考え，運動を日常的に行う習慣を身に付ける基礎は，学校段階での指導にあるので，卒業後の生活を考慮した正しい生活習慣の形成が重要である。

2 運動量の確保

　特別支援学校においては，帯状の時間割を設定し，朝の運動を実施しているところも多い。教育活動のはじまりに体を動かすことは1日の生活のリズムのメリハリを付け，正しい生活習慣の確立に効果的である。

　体育・保健体育の実技の授業において，実際に運動をする時間や運動量を確保することは意外に難しい。教員はつい説明を丁寧にして，これらの時間が長くなってしまう。特に実技指導において技術的な内容を指導するときには，説明が多くなりがちである。これら

技術的な説明は，一人一人に合った指導の方法が異なっているし，言葉の理解度が違うので，全体への説明ではなく，個別の指導が効果的である。指導効果と合わせて，実際に授業のなかでの児童生徒の運動量についても留意する必要がある。児童生徒の運動量を評価の観点に位置付け，運動量を意識した授業の展開を工夫してほしい。

3 集団編成の工夫

　実技教科である体育・保健体育は，保健体育科の教員が指導することが多く，学年や学部等多人数の集団で行われることが多いと思われる。集団の動き（流れとか渦などともいわれる）によって動きを促すという効果が期待できる。音楽を使った大きな流れをつくる運動（音楽体育など）や，サーキット運動のようにいろいろな動きを組み合わせた活動が行われている。しかし，これらの運動方法においては，はじめと終わりの合図などの工夫，一人一人の到達目標やどの程度のレベルの技術を求めるかなど，集団指導体制のなかで明確にしておく必要がある。場合によっては，それぞれの児童生徒の担当者が明確に個に応じた指導ができるような工夫が必要である。

　知的障害が主障害である児童生徒においても，その重複している障害特性により対応の仕方を考慮する必要があり，このような点からも集団編成の工夫が望まれる。

　実技における技術的な内容を含む指導においては，児童生徒の目標に応じた集団編成や指導体制により，適切な指導ができるよう考慮する。これら課題が比較的近い児童生徒の集団における指導においても，理解の仕方等をよく考え，個に応じた指導の工夫が必要である。

　これらのことは，個別の指導計画を通して教員集団の共通理解が図られることになるので，体育・保健体育の指導計画においても，

身体面や運動面だけでなく，認識や理解の仕方等も確認しておく必要がある。

4 自閉症のある児童生徒に対する配慮

　知的障害特別支援学校では，在籍する児童生徒の半数以上が自閉症を伴っている。特に，小学部では70〜80％という学校もある。このような学校においては，自閉症の特性である人間関係形成やコミュニケーションの困難，興味・関心が狭く特定のものへのこだわりがあることへの配慮が必要である。また，児童生徒によっては特定の音や皮膚接触に対する感覚過敏なども考慮しなければならない。勝敗へのこだわりや接触プレイに対する恐怖感，チームプレイにおける相互協力の困難（味方が何を意図しているかの理解が困難），相手の作戦によるプレイを許せないなどの様々な困難がある。自閉症の障害特性の強さや発達の段階にもよるが，これらの特性を理解したうえで指導内容を選択し，一人一人に応じた指導方法を考慮する必要がある。

　そのほか，自閉症に限らず他の障害を併せもっている児童生徒には，それぞれの障害に応じた対応を十分に考慮することが大切である。

5 卒業後に向けた運動の習慣化

　運動習慣の形成ということで，運動量の確保というところでも触れたが，卒業生の生活から学び，学校時代にどのような取組をし，どのようなことを身に付けることが重要であるかを考える必要がある。

　卒業後の生活を考えたとき，まずは，余暇活動をどのようにしていくかということがある。学校を卒業するとなかなか運動をする機会がなく，休日は家で過ごすということも多く聞く。エネルギーの

摂取（食事の量）はあまり変わらないから，自然と体重の増加が心配という人も多い。これらのことを考えると，学校のグラウンドのような場所で走るということだけでは，将来を見据えた運動の指導とはいえない。家庭や執務室，ちょっとした空間でできる運動についても指導の必要がある。企業等において，職員がそろって実施することの多いラジオ体操や，昼休み等に行えるキャッチボールやバレーボールのパスなども，学校教育において取り組んでいることで，自分から仲間に入って一緒にやることにつながる。

休日等の過ごし方として，特定の運動やスポーツ競技を身に付けることもとても効果的である。水泳や陸上競技，フライングディスクなどは，プールや公園等において取り組みやすい種目であり，実際に行っている人も多い。これらの種目では，競技会等への参加も可能であり，このようなスポーツ大会を目標にして取り組んでいる卒業生も多くいる。スポーツ大会については，次章を参考にし，競技種目へつながる内容を指導することも検討してほしい。

6 部活動

知的障害特別支援学校高等部においては，多くの学校で部活動が盛んに行われている。また，知的障害特別支援学級においても，中学校全体で行われている部活動への参加，あるいは，学級内での部活動が行われている。

多くの学校においては，種目別の部活動をいくつも立ち上げるほど生徒数や指導者がいないため，運動系の部活動として季節や競技大会の開催に応じた活動をしているところが多い。また，学校の施設設備の状況においても部活動の状況は変わる。

知的障害特別支援学校のスポーツ大会としては，全国的な組織はなく，全国大会は行われていないが，都道府県レベルでは多くの競技会が組織され，生徒たちの目標となっている。視覚障害や聴覚障害の特別支援学校においては，全国大会が実施され，生徒たちの励

みとなっていることを考えると，今後の検討に期待したい。

部活動は，知的障害が軽く競技スポーツを楽しめる生徒にとって，放課後の活動として，練習への意欲やチームメイトとの協力などの姿勢を育てるよい機会となっている。また，競技会等における他校との試合は，自分たちの練習の成果を確認するとともに，交流の機会ともなっている。

近年では知的障害が重い生徒の保護者からの部活動への参加の要望もあり，各学校においては，活動内容の工夫，指導者の確保，通学（下校）手段の確保等を検討しつつ，取り組みはじめている。

これらは，卒業後の余暇活動にもつながり，生涯にわたる健康や安全を考慮した日常生活の過ごし方を促すものである。

7 地域におけるスポーツ活動の支援

部活動を実施している学校においては，在校生の部活動を中心にして卒業生の活動を援助し，実施しているところもある。卒業生の同窓会組織が中心になり，クラブ組織を設け，教員の援助を受け，練習や全国大会への参加をしているところもある。さらに，学校やNPO，施設などが中心になってクラブをつくり，都道府県の大会に参加し，代表チームを編成し，全国大会に参加している例もある。

このような活動は，まだ十分とはいえないものの，次章で述べる障害者スポーツ活動として徐々に広がりを見せている。学校は，センター的機能としてその組織を活用し，地域の資源と連携しつつ知的障害者のスポーツ活動の発展に貢献してほしい。

〈岩井　雄一〉

競技スポーツ
――スポーツ大会（国際大会）について――

　我が国において障害者スポーツが積極的に行われるようになったのは，昭和39年の東京オリンピックと同時に開催された東京パラリンピック以降である。翌，昭和40年からは，国民体育大会の開催後に身体障害者の全国スポーツ大会が開催されるようになった。

　知的障害者のスポーツは，身体障害者のスポーツに比べて，その取組は遅れていた。昭和50年代になると，都道府県内の入所施設合同大会や養護学校体育大会等が開催されはじめ，次第に全国規模の大会開催が関係者の間で望まれるようになった。厚生省（当時）は，国連・障害者の十年の最終年を契機として，平成4年から全国知的障害者スポーツ大会（ゆうあいピック）を開催することを決定した。

　これまで行われていた全国身体障害者スポーツ大会を参考にして開催された全国知的障害者スポーツ大会であったが，厚生省の障害者スポーツに関する懇談会により，21世紀初頭を目途に統合実施といった報告が出された。この報告を受け，平成13年から両大会を統合して「全国障害者スポーツ大会」として開催することになった。

　平成4年に始まった第1回の全国知的障害者スポーツ大会（ゆうあいピック）東京大会で実施された種目は，陸上競技，水泳，卓球，フライングディスク，ボウリングの五つの個人競技，バスケットボール，ソフトボール，バレーボール，サッカーの四つの団体競技であった。そして，第2回大会より団体競技にフットベースボールが加わった。その後の統合された全国障害者スポーツ大会においても，知的障害者の種目としては，これらの五つの個人競技と五つの団体競技が行われている。

　各学校や地域のクラブチーム，施設等のチームはこのような個人

競技，団体競技種目への出場と優秀な成績を目標に，それぞれ練習を行っている。

「全国障害者スポーツ大会」における知的障害者の競技種目は以下の通りである。
＜個人競技＞
陸上競技
　競走：50m，100m，200m，400m，800m，1,500m
　　　　4×100mリレー
　跳躍：走り高跳び，立ち幅跳び，走り幅跳び
　投てき：ソフトボール投げ，ジャベリックスロー
水泳
　自由形，平泳ぎ，背泳ぎ，バタフライ：各種目25m，50m
　4×50mリレー，4×50mメドレーリレー
卓球
フライングディスク
　アキュラシー：ディスリート5，ディスリート7
　ディスタンス：座位，立位
ボウリング
＜団体競技＞
バレーボール，バスケットボール，ソフトボール，サッカー，フットベースボール

　全国障害者スポーツ大会において知的障害者の種目のうち，通常の種目と違うものについて説明をする。

○ジャベリックスロー（陸上競技：投てき種目）
　もともとはやり投げの選手のフォーム矯正のため考案されたものである。長さ約70cm，重さ300gの投てき物をやり投げの規則に基づいて，まっすぐに遠くに投げるものであり，ジュニアオリンピッ

クでも正式種目として採用されている。

○フライングディスク
　フライングディスク種目は,「アキュラシー」と「ディスタンス」の2種目である。アキュラシー競技は,スローイングの正確さを競う競技で,5mまたは7m離れた地点のアキュラシーゴール（直径0.915mの輪）に10回投げ,何回通過したかで得点を競う。ディスタンス競技は,距離を競う競技で,連続して3回投げたうちの最長距離を競うものである。

○フットベースボール
　ソフトボール型のボールゲームであり,ピッチャーがゴム製のサッカーボールを両手で股の下から投球し,キッカーがそのボールをけり一塁に走る。本塁に戻ることで得点となる。ボールがピッチャーズサークルに戻った時点でボールデッドとなり,ランナーは進塁できないなどのルールがある。各学校での取組や都道府県等の大会において,選手がプレイしやすいようにローカルルールが工夫されているため,それぞれの大会におけるルールを確認しておくことが必要となる。

国際大会

　全国障害者スポーツ大会において優秀な成績をあげた者は,パラリンピック大会等の国際大会に参加することができる。知的障害者については,国際知的障害者スポーツ連盟（INAS）が運営する国際総合競技大会（INASグローバル競技大会）があり,2011年イタリアで行われた第3回大会では,陸上競技,自転車,フットサル,水泳,卓球,テニス,バスケットボールの7競技が行われた。

競技スポーツ　195

スペシャルオリンピックス日本・東京

　全国障害者スポーツ大会とは組織を異にしているが，知的障害者のスポーツ大会を実施している団体にスペシャルオリンピックスがある。スペシャルオリンピックス日本・東京（SON東京）は，1994年10月22日に設立し，活動を開始した。現在では，SONのなかでも最大の地区組織として，15のスポーツプログラム（ボウリング，バスケットボール，水泳競技，陸上競技，サッカー，体操競技，卓球，テニス，バドミントン，アルペンスキー，フィギュアスケート，スピードスケート，フロアホッケー，機能開発，バレーボール）と，五つの文化プログラム（合唱，英会話，アスリート会，ダンス，ドラマ）を実施している。

　スペシャルオリンピック大会は，全国大会及び国際大会が実施されており，知的障害者の競技としてのスポーツプログラム，ボランティアとの交流や文化的プログラムを実施し，知的障害者の自己実現の機会や障害理解を深める取組となっている。

〈岩井　雄一〉

［参考文献］
日本障害者スポーツ協会編『障害者スポーツ指導教本』ぎょうせい，2012年
スペシャルオリンピックス日本・東京ホームページ

資 料
体育・保健体育の具体的内容

参考：具体的内容の1，2，3は小学部の各教科の各段階の内容に，4は中学部の各教科の内容に，5，6は高等部の各教科の各段階の内容に相当するものとして設定した。具体的内容を使用する際には，部や段階にとらわれず，児童生徒の実態に合わせ，必要な内容を選択することが大切である。

吉田昌義・大南英明編「特別支援学校（知的障害）特別支援学級（知的障害）の指導内容表―各教科の具体的内容―」平成24年より

体育・保健体育

	第1段階	第2段階	第3段階	第4段階	第5段階	第6段階
1	一人で歩く。	大股、小股などの歩き方をする。	後ろ歩き、横歩きなどいろいろな歩き方をする。	号令に合わせて、体の向きを変える。	身体各部位の屈伸、ねん転、回旋などをする。	身体各部位の屈伸、ねん転、回旋などを大きな動きで行う。
2	合図で立ったり、座ったりする。	合図で集合する。	合図・整列をする。	腕の屈伸をする。	歩・走・跳・投・捕などの全身運動をする。	
3	1列に並ぶ。	直線上を歩く。	リズムに合わせて行進する。	腕の前、上下・左右突き、腕の内外回旋をする。		
4	脚を前後、左右に開いたり、腕を振ったり、回したりする。	1列に並んで歩く。	距離、間隔をとって1〜2列で整列する。	膝の屈伸や脚の前後振りをしたり、脚を前後左右に大きく開いたりする。		
5	支えられて片足で立つ。	上肢、下肢を曲げたり伸ばしたりする。	1〜2列で正しく歩く。	体の前後屈、側屈を大きくしたり、体の回旋をしたりする。		腕立て伏臥、腕屈伸などをする。
6	トランポリンの上でゆれを楽しむ。	片足で立つ。	片足跳びをする。	脚の開閉跳びをする。		
7		固定施設などを使っていろいろな遊びをする。	上体をそらせたり、体の前後屈、側屈をしたりする。	短なわ跳び、長なわ跳びをする。		
8			馬跳びをする。			

3 体操を曲に合わせて正しく行う。 4 高鉄棒で振り跳びをする。 5 跳び箱で開脚跳びをする。 6 マットで連続前転、連続後転、開脚前転、開脚後転などをする。	3 低鉄棒で膝かけ振り上げ、逆上がりなどをする。 4 跳び箱で開脚跳び、台上前転をする。 5 平均台の上で方向変換をしたり、後歩き、片足立ち などをしたりする。 6 短距離走、長距離走、持久走をする。	8 体操を曲に合わせて行う。 9 低鉄棒で足抜き回りをする。 10 高鉄棒にぶらさがって体を前後に振って跳ぶ。 11 跳び箱で腕立て跳び越しなどをする。 12 マットで前転、後転などをする。 13 マットで開脚前転、開脚後転などをする。 14 平均台の上で方向変換をする。 15 速度や方向を変えて歩いたり、走ったりする。	9 縄跳び遊びをする。 10 いろいろな体操をまねしてする。 11 鉄棒にぶらさがったり、体を前後に振る。 12 低鉄棒で前回り降りをする。 13 低鉄棒を使って跳び上がり、跳び降りをする。 14 マットで連続横ころがり、前ころがりなどをする。	8 トランポリンやジャンピングボールで遊ぶ。 9 低鉄棒を使って、いろいろな遊びをする。 10 跳び箱を使って、またぎ乗り、またぎ降りをする。
				7 低鉄棒を使って、いろいろな遊びをする。 8 一人でころころ転がる。 9 低い台に昇ったり、降りたりする。 10 階段を昇ったり、降りたりする。 11 道具を使ってぶらさがったり、飛び乗ったり、降りたりする。 12 器具を使って、バランスをとって遊ぶ。 13 低い跳び箱に乗ったり、降りたり、またがったりする。

体育・保健体育の具体的内容　199

第1段階	第2段階	第3段階	第4段階	第5段階	第6段階
14 マットの上で，横や前にころがる。		15 平均台の上を歩く。	16 全力疾走する。	7 リレーで正しくバトンパスをする。	
15 低い平均台の上を支えられて歩いたり，手をひかれて歩いたりする。	12 低い平均台の上を歩く。		17 物を持ったり，かついだりして走る。		7 ハードルなどで障害走をする。
16 手をひかれて走ったり，一人で走ったりする。	13 同じ調子でかけ足をする。	16 全力で短い距離を走る。	18 幅広い障害を跳び越える。		
17 這ったり，くぐったり，またいだりして遊ぶ。	14 折り返しリレーなどをする。	17 ジグザグ，S字などのコースに沿って走る。	19 リレーで決められた約束を守ってバトンパスをする。	8 決まりを守って走り幅跳びをする。	
18 しゃがんだり，立ったり，その場跳びをしたりする。	15 緩やかなカーブを走る。	18 リレーでバトンパスをする。	20 走り幅跳びをする。		8 走り高跳びをする。
19 まっすぐ走る。		19 やや長い距離を走る。	21 かなり長い距離を走る。		
20 片足や両足で踏み切って跳ぶ。	16 川跳び遊びなどをする。	20 立幅跳びをする。			
21 膝くらいの水の中でいろいろな遊びをする。	17 膝くらいの深さの水の中で，歩いたり，走ったりする。	21 水の中で目を開く。	22 水の中で，伏し浮きやけ伸びをする。	9 水の中で呼吸の仕方を覚える。	9 背泳ぎ，横泳ぎなどをする。
	18 顔や頭を水の中に入れて，いろいろな遊びをする。	22 水の中で鼻から息を吐く。	23 水の中で，伏し浮きから立ち上がり動作をする。	10 クロール，平泳ぎ，潜水などをする。	10 スタート台からスタートをする。
		23 水の中で沈み方，浮き方に慣れる。	24 水の中で，顔を		11 長い距離を泳ぐ。

200 資料

22 ボールを転がしたり投げたりする。	19 ボールをついたり、蹴ったりして遊ぶ。 20 近い距離でボールを投げたり、受けたりする。 21 ボール送りゲームをする。	24 水の中でばた足をする。 25 ボールを蹴りながら走る。 26 ドリブルをする。 27 円形ドッジボールをする。 28 音楽に合わせて自由な表現をする。 29 簡単なフォークダンスを踊る。	24 水の中でばた足をつけてばた足をする。 25 ボールを使ってリレーをする。 26 相手に向かってボールを投げたり、蹴ったりする。 27 簡易ルールでフットベースボールやサッカーをする。 28 簡易ルールでバスケットボール、ソフトボール、草球、バドミントンなどをする。 29 音楽に合わせて自由に身体表現をする。	11 フットベースボール、ソフトボール、サッカーなどをする。	12 バスケットボール、ハンドボール、バレーボールなどをする。 13 卓球、バドミントンなどをする。
23 音楽が流れている所で体を動かす。 24 動物のまねをして、はねたり、跳んだりする。 25 歌を伴った遊びをする。	22 動物などのまねをして遊ぶ。 23 簡単なリズム遊びをする。 24 音楽に合わせて歩いたり、跳んだりする。		30 簡単なフォークダンスや民謡を踊る。 31 スキー、スケートなどをする。 32 スキーもうなどをする。 33 スポーツの国際大会に関心をもつ。	12 フォークダンスや民謡を踊る。 13 スキー、スケート、登山などをする。	14 ダンスを創作したり鑑賞したりする。 15 柔道や剣道などをする。

体育・保健体育の具体的内容 201

第1段階	第2段階	第3段階	第4段階	第5段階	第6段階
			(保健) 1 進んで身体及び身辺の清潔に気をつける。 2 気温の状態で着衣を調節する。 3 身体測定や性徴を通して、身体の発育に関心をもち、体の各部の働きを知る。 4 運動やゲームの後で汗を拭いたり、うがいをしたりする。 5 体育施設、用具などの使い方、遊び方などを知り、けがのないように気をつける。 6 体の状態を考えて適度な運動をする。 7 偏らないように栄養をとり、食べ過ぎないようにする。 8 小さなけがや生	1 常に身体や身辺を清潔に保つ。 2 体の状態を考えて進んで適度な運動をする。 3 運動や作業などの後に、汗を拭いたり、うがいをしたり、手足を洗ったり、着替えたりする。 4 安全に注意して運動をする。 5 簡単な応急手当	1 体の発育や健康に関心をもち、体の各部の働きを知る。 2 病気の時や疲れた時は、適宜休養をとる。 3 主な病気の種類を知り、進んで予防接種や健康診断を受ける。 4 主な伝染病とその予防法を知る。 5 職業病や公害病

理の処置を自分でする。 9　必要に応じて、体温計や水枕などを使う。 10　薬を指示どおり服用する。 11　生理は病気でないことを知る。 12　生理中はナプキンを当てて、清潔に過ごす。	の仕方を知る。 6　トイレや下着を汚さないようにナプキンの交換をする。	について知り、健康の保持に努める。 6　生理は毎月5日位あることを体験を通して知る。	

◆執筆者一覧

【監修者】

大南　英明　　全国特別支援教育推進連盟理事長
　　　　　　　（元文部省初等中等教育局特殊教育課教科調査官）
吉田　昌義　　聖学院大学教授
　　　　　　　（元文部省初等中等教育局特殊教育課教科調査官）
石塚　謙二　　大阪府豊能町教育委員会教育長
　　　　　　　（前文部科学省初等中等教育局特別支援教育課特別支援教育調査官）

【編　者】

全国特別支援学級設置学校長協会
全国特別支援学校知的障害教育校長会

【執筆者】（執筆順。所属は平成25年6月現在）

大南　英明　　前掲
岩井　雄一　　十文字学園女子大学21世紀教育創生部教授
鈴木　宏和　　新潟県新潟市立東特別支援学校教諭
鈴木　智也　　福島県立あぶくま養護学校教諭
田中日呂美　　石川県立明和特別支援学校教諭
狐塚登喜枝　　栃木県宇都宮市立姿川第一小学校教諭
瀧原　朝子　　千葉県君津市立外箕輪小学校教諭
佐竹　佳美　　神奈川県横浜市立浦島丘中学校教諭
粟田ひとみ　　徳島県阿南市教育研究所研究員
早坂　幸一　　宮城県登米市立登米中学校教頭
堀口　　哲　　埼玉県立本庄特別支援学校教諭

清水　直樹	兵庫県姫路市立城乾小学校主幹教諭
岩瀬　敏郎	東京都狛江市立狛江第一中学校主幹教諭
奥山　保子	静岡県立静岡北特別支援学校教諭
伊藤　直也	愛媛県立新居浜特別支援学校教諭
佐々木光子	東京都八王子市立愛宕小学校主任教諭
野口　睦恵	北海道千歳市立北進中学校教諭
佐藤　昭彦	北海道千歳市立北進中学校教諭
大島　芳徳	愛知県立佐織養護学校教諭
高橋　鉄	千葉県立特別支援学校流山高等学園教諭
佐藤　久子	埼玉県春日部市立東中学校教諭
田野　大介	北海道札幌養護学校教諭
蝦名　創	北海道札幌養護学校教諭
楯　正己	群馬県伊勢崎市立北小学校教諭
土松　丞司	長野県安曇野市立穂高北小学校教頭
加部　務	東京都立青鳥特別支援学校主任教諭
田代　由希	岩手県盛岡市立仁王小学校教諭
瀧川　猛	千葉県立東金特別支援学校教諭
田口　眞弓	長崎大学教育学部附属特別支援学校教諭
堀　克彦	長崎大学教育学部附属特別支援学校教諭
上田　尚子	長崎大学教育学部附属特別支援学校教諭
開　珠美	長崎県立大村特別支援学校教諭
坂田　信吾	長崎大学教育学部附属特別支援学校教諭
田中真季子	長崎大学教育学部附属特別支援学校教諭
山中　祐造	長崎大学教育学部附属特別支援学校教諭
井上香菜美	長崎大学教育学部附属特別支援学校講師

「改訂版　障害のある子どものための」シリーズ6
改訂版　障害のある子どものための体育・保健体育

2013（平成25）年9月8日　初版第1刷発行

監修者：大南　英明
　　　　吉田　昌義
　　　　石塚　謙二
編　者：全国特別支援学級設置学校長協会
　　　　全国特別支援学校知的障害教育校長会
発行者：錦織　圭之介
発行所：株式会社東洋館出版社
　　　　〒113-0021　東京都文京区本駒込5丁目16番7号
　　　　営業部　電話03-3823-9206　FAX03-3823-9208
　　　　編集部　電話03-3823-9207　FAX03-3823-9209
　　　　振替　00180-7-96823
　　　　URL　http://www.toyokan.co.jp
印刷・製本：藤原印刷株式会社

ISBN978-4-491-02976-4　　　　　　　　　　　　Printed in Japan